GOUVERNER PAR LE CHAOS
Ingénierie sociale et mondialisation

Lucien Cerise

Gouverner par le chaos
Ingénierie sociale et mondialisation

© Max Milo, Paris, 2023
www.maxmilo.com
ISBN : 9782315010448

*« Quand le gouvernement viole les droits du peuple,
l'insurrection est, pour le peuple et pour chaque portion du peuple,
le plus sacré des droits et le plus indispensable des devoirs. »*

Déclaration des droits de l'homme et du citoyen,
1793, article 35.

Introduction
L'ingénierie sociale,
ou la ruse au service de l'utopie

Depuis quelques années, l'expression d'ingénierie sociale connaît une certaine fortune pour décrire des phénomènes de changement social accéléré tels que ceux qui se sont déroulés à l'occasion de la crise du coronavirus. Une définition possible de l'ingénierie sociale est la transformation méthodique et furtive des sujets sociaux, individus ou groupes. Dans leur ouvrage sur la Grande Réinitialisation (*Great Reset*), paru en 2020, Klaus Schwab, président du Forum économique mondial (forum de Davos), et Thierry Malleret, consultant, décrivent le déploiement concerté à l'échelle planétaire d'une nouvelle réalité transhumaniste au prétexte de l'épidémie de Covid-19.[1] De l'exploitation d'une crise à son orchestration, il n'y a qu'un pas, que certaines personnes de pouvoir peuvent être tentées de franchir, comme le montrait Naomi Klein dans ses diverses publications sur le « capitalisme du désastre ». L'ingénierie sociale peut ainsi s'incarner dans la figure du pompier pyromane, qui ne se contente pas de profiter des moments de crise, mais qui sait aussi les provoquer pour faire avancer son agenda. Ou comment apporter des solutions aux problèmes qu'on a créés soi-même. Cette approche intuitive s'est

---

1. SCHWAB (Klaus), MALLERET (Thierry), *COVID-19 : la Grande Réinitialisation*, Forum Publishing, 2020.

précisée au xxᵉ siècle dans les deux ensembles méthodologiques qui charpentent la théorie et la pratique de l'ingénierie sociale : d'une part, la gestion des groupes, ou management et, d'autre part, la sécurité de l'information – défense et attaque, espionnage et piratage.

Le père fondateur du management est l'Américain Frederik Taylor (1856-1915), qui posa les bases de l'organisation scientifique du travail (OST). L'ingénierie sociale, ou l'organisation scientifique de la société, est une approche managériale du fait social de type « conduite du changement ». Cette méthode théorisée par John Kotter, professeur de management à Harvard, est constituée de huit étapes dont la première consiste à créer un sentiment d'urgence dans la population cible pour la déstabiliser et l'engager dans un engrenage visant à la faire changer. La réalité objective de l'urgence, ainsi que son origine réelle sont ici des questions secondaires. Le succès de cette première étape autorise de commencer à déplacer graduellement la « fenêtre d'Overton », c'est-à-dire la fenêtre de tolérance des nouvelles habitudes – et des nouveaux *habitus* – que le groupe cible peut supporter, adopter et finalement normaliser. Ce processus permet de modifier progressivement et discrètement l'état de la société sans demander le consentement éclairé des individus qui la composent, ou par fabrication de leur consentement, « *Engineering of Consent* », selon la formule d'Edward Bernays. Au-delà de la manipulation de masse, dont l'impact est ponctuel, l'ingénierie sociale a une visée définitive. Les sciences du comportement et de l'influence du comportement sont mises au service d'un projet de réorganisation structurelle de la société, qui passe souvent par sa démolition contrôlée pour la reconstruire selon un nouveau plan. Tout comme certaines disciplines apparentées que sont l'ingénierie du bâtiment, l'ingénierie génétique, l'ingénierie informatique ou l'ingénierie financière, l'ingénierie sociale ne se contente pas de décrire théoriquement son objet, en l'occurrence les sujets sociaux, elle propose aussi des recettes pratiques pour agir sur eux afin de modifier définitivement leur nature, leur identité, ainsi que la forme du lien social. Ici réside la grande différence entre les sciences sociales, purement descriptives, et l'ingénierie sociale, non seulement prescriptive, mais aussi interventionniste. En ce sens, elle a fort à faire avec la « politique », cette vision volontariste de la vie en société, qui ne s'arrête pas à regarder ce qui se passe, mais qui cherche à agir matériellement et durablement, et au plus près des faits. La politique, au sens classique du terme, est cependant un art de la persuasion, qui s'adresse au moi conscient, au libre arbitre, quand l'ingénierie sociale vise plutôt l'inconscient et le subliminal, dans une perspective purement technique de piratage des esprits et de subversion des comportements. Dans les limites de cette introduction, nous présenterons à nos lecteurs l'histoire de l'ingénierie sociale en l'adossant à deux grands concepts de philosophie politique : l'utopie et la ruse.

Le fil conducteur de la pensée utopiste est la notion d'idéal en politique – donc de société idéale. Le réel immanent, toujours imparfait, est comparé à un idéal de perfection transcendant, c'est-à-dire à distance, et qu'il faut atteindre, soit en le rejoignant dans l'au-delà après la mort, soit en le réalisant sur Terre. Cette dialectique de l'utopie et du réel est mise en scène par saint Augustin dans son œuvre majeure, *La Cité de Dieu*, rédigée entre 416 et 423, dans laquelle il oppose la cité céleste idéale à la cité terrestre corrompue. Par définition, la cité céleste, dont les caractéristiques évoquent le paradis, n'est pas de ce monde. Bien qu'elle soit une source d'inspiration pour les hommes, la société idéale appartient dans la pensée augustinienne au registre métaphysique. De leur côté, les utopies matérialistes, qui visent une réalisation terrestre de l'idéal, présentent divers aspects plus ou moins mélangés, voire contradictoires. Ils peuvent être nostalgiques et conservateurs quand le modèle de société appartient à un passé révolu qu'il faudrait rétablir – d'où les mythes culturels du bon sauvage et de l'âge d'or édénique de la société organique et sans classes précédant la chute, la corruption, la marchandise, etc. –, mais ils peuvent aussi contenir des éléments révolutionnaires et progressistes, quand ce modèle idéal passé ou n'ayant encore jamais existé est projeté dans un avenir radieux à construire. La quête d'idéal entretient toujours l'espoir d'une « *tabula rasa* » sur l'existant, soit qu'on attende la fin des temps, et donc la fin du monde, pour qu'un autre monde advienne, soit qu'on décide d'accélérer l'Histoire pour faire « du passé, table rase » et réaliser le Nouveau Monde ici-bas. Cet espoir d'un grand recommencement est appelé aujourd'hui par les transhumanistes la Grande Réinitialisation (*Great Reset*). Dans cette perspective eschatologique d'une temporalité orientée par un projet à réaliser, les récits utopistes métaphysiques s'en remettent à la foi dans le plan de Dieu, quand les matérialistes se tournent vers la raison humaine et soutiennent l'idée qu'il serait possible d'organiser scientifiquement la société, selon un plan quasi géométrique conçu pour fonctionner plus harmonieusement.

En Occident, le premier grand texte utopiste matérialiste est *La République* de Platon, rédigé vers -315. Le deuxième grand texte qui vient immédiatement à l'esprit est *Utopia* de Thomas More, publié en 1516 et qui lance l'usage courant du terme utopie, signifiant « en aucun lieu ». La Renaissance est un jalon important de la pensée utopiste, mais c'est dans le sillage du socialisme au XIXe siècle que l'on voit apparaître les premières réalisations concrètes, avec les phalanstères de Charles Fourier et divers projets de vie communautaire inspirés par le positivisme de Saint-Simon et d'Auguste Comte. Le mathématicien et sociologue Adolphe Quetelet (1796-1874) crée vers 1830 le concept de « physique sociale », puis c'est le polytechnicien et ingénieur des mines, Frédéric Le Play (1806-1882), qui cherche à fonder une école d'ingénieurs de la société. Dans cette anthropologie commune au socialisme et au libéralisme, l'humain et le monde sont fondamentalement rationnels, ce qui tranche avec les mystères de la foi. Mais dans tous les cas, la perfection est accessible, soit qu'on y accède dans un autre monde, soit qu'on la réalise sur Terre, et l'esprit est dans une quête du « groupe fusionnel », il cherche à en finir une bonne fois pour toutes avec le Mal, les problèmes, la souffrance.

Cette tradition utopiste s'oppose à la tradition pragmatique et réaliste en politique qui, comme son nom l'indique, s'appuie d'abord sur une pratique concrète et mesure la valeur de son action à son efficacité relative, sans la rapporter à un idéal absolutiste, mais en comparant des situations toujours contextuelles. Dans la Grande politique surhumaine de Friedrich Nietzsche, il n'y a pas de table rase sur le Mal, on accepte sa présence, il n'y a qu'un éternel recommencement, un Éternel retour du Bien comme du Mal. On doit à l'épistémologue Karl Popper d'avoir théorisé dans ses ouvrages des années 1950, notamment *La société ouverte et ses ennemis*, la différence entre une ingénierie sociale utopiste et une ingénierie sociale pragmatique, dénuée de visée systématique et procédant de manière fragmentée. Dans les mêmes années, le régime d'apartheid d'Afrique du Sud décide d'appliquer concrètement l'ingénierie sociale pour organiser à travers le pays la ségrégation raciale entre les Blancs et les Noirs, dans une intention affichée de pacification des tensions identitaires qui aboutira exactement à l'inverse du but recherché. L'utopie transhumaniste en cours d'implémentation accélérée depuis 2020 a également des conséquences catastrophiques et provoque, elle aussi, des réactions de rejet chez de nombreuses personnes. C'est justement pour surmonter les réticences naturelles venant de l'instinct de conservation que

l'ingénierie sociale s'est dotée d'un outil conceptuel et méthodologique supplémentaire : la ruse.

Un nom vient tout de suite à l'esprit quand on évoque la ruse
en politique : Nicolas Machiavel, éminent représentant du courant
réaliste et théoricien des «moyens extraordinaires». En fait, la ruse
est vieille comme le monde, on la rencontre déjà dans le règne
animal, quand le prédateur avance, caché dans les hautes herbes,
pour ne pas être vu de sa proie. Une expression populaire française
parle d'agir avec «des ruses de Sioux», ce qui est synonyme de trom-
perie, dissimulation, duplicité, diversion, leurre, camouflage, stratagème, subterfuge et approche indirecte. Plusieurs mythologies ont
inventé des figures archétypales de la ruse, notamment le panthéon
nordique, avec le dieu Loki, et auparavant le grec avec le dieu Protée,
capable de prendre toutes les formes, et la déesse Mètis. Dès l'Anti-
quité, un certain nombre de réflexions sur ces sujets apparaissent à
peu près au même moment et dans plusieurs cultures, révélant une
sorte de prise de conscience générale, un *Zeitgeist* mondial. Entre le
VIIIe et le Ve siècle av. J.-C., l'esprit humain est mûr pour coucher par
écrit un certain nombre de classiques philosophiques, littéraires et
religieux accordant une place centrale à la ruse. En Chine, c'est *L'art
de la guerre*, attribué à Sun-Tzu, compendium de diverses stratégies
et tactiques militaires. En Grèce antique, Homère rédige *L'Iliade* et
L'Odyssée, qui mettent en scène Ulysse, «l'homme aux mille tours», et
le fameux «cheval de Troie», outil d'infiltration de l'ennemi, devenu
partie intégrante du vocabulaire dans les milieux du *hacking* informatique. Au Proche-Orient, les premiers livres de la Bible sont rédigés.
Dans les versets 20:10 et 20:11 du Deutéronome, les fondements de
l'ingénierie sociale, au sens du piratage de l'esprit et de la pénétration
furtive d'un système cible, sont exposés dans un style «biblique»,
lapidaire et lumineux : « 10. Quand tu t'approcheras d'une ville pour

l'attaquer, tu lui offriras la paix. 11. Si elle accepte la paix et t'ouvre ses portes, tout le peuple qui s'y trouvera te sera tributaire et asservi. » La dialectique ouverture/fermeture et l'usurpation d'une identité pacifique permettant d'abuser de la confiance d'autrui pour lui faire ouvrir ses portes et baisser volontairement sa garde défensive sont au cœur de la pratique du piratage du cerveau humain. Quand la cible reste méfiante et fermée, on peut néanmoins la subjuguer après l'avoir encerclée et poussée à se rendre, comme le recommande encore le Deutéronome dans les versets suivants : « 12. Si elle n'accepte pas la paix avec toi et qu'elle veuille te faire la guerre, alors tu l'assiégeras. 13. Et après que l'Éternel, ton Dieu, l'aura livrée entre tes mains, tu en feras passer tous les mâles au fil de l'épée. » Organiser le siège de la cible pour la faire tomber est un exemple de stratégie indirecte moins coûteuse que l'attaque frontale. Transposée à l'époque moderne, dans les nouveaux milieux du pouvoir que sont le secteur tertiaire et sa bureaucratie, la pratique de l'assiègement s'appelle l'encerclement cognitif, à rapprocher du harcèlement psychologique, mais en plus subtil, visant à marginaliser puis à exclure un adversaire de la guerre économique et informationnelle.

Depuis toujours, la guerre est psychologique, cognitive, culturelle, sémantique, donc langagière, autant que physique et matérielle. Les Grecs et les Romains ont inventé la sophistique, la rhétorique, la démagogie et les techniques de persuasion, ce qu'on appelait naguère la propagande, renommée en contexte libéral « communication stratégique », « relations publiques » et *storytelling*, ou comment raconter au grand public des histoires qui mobilisent ses émotions et construisent sa réalité. La réflexion sur l'art oratoire et les joutes verbales – et surtout comment les gagner coûte que coûte – auront une longue postérité. La scolastique chrétienne médiévale développera la casuistique, dont les jésuites seront les maîtres, et qui deviendra synonyme de discussions oiseuses. Dans le même esprit, le judaïsme talmudique donnera naissance au *pilpoul*, exercice consistant à défendre des raisonnements spécieux jusqu'à l'absurde, l'important n'étant pas qu'ils soient vrais ou logiques, mais seulement vraisemblables, ce qui semble être devenu le mot d'ordre des médias de masse. Toutes les cultures et traditions ont théorisé leur propre version de la ruse en politique. L'islam propose plusieurs stratégies de communication permettant aux musulmans prosélytes d'avancer masqués, techniques rhétoriques généralement regroupées sous le terme de *taqiya*, soit la simulation et la dissimulation des intentions, autorisées par le Coran (sourate 3:28) dans les relations avec les infidèles (*kouffar*), mais aussi entre musulmans chiites et sunnites.

Plus subtil et donc moins détectable que le mensonge, l'art de tromper sans mentir pourrait être subdivisé en deux grandes tendances. La première consiste à jouer avec les doubles sens, les sous-entendus, les connotations et les messages subliminaux qui passent en filigrane, ce qui s'apparente à la stéganographie, ou comment cacher un message dans un autre message. La seconde s'appelle de nos jours «management des perceptions», soit le mensonge par omission érigé en méthode, permettant de créer une réalité biaisée consistant à mettre en relief ce qui m'arrange et à passer sous silence ce qui ne va pas. Parler du verre à moitié plein – et oublier volontairement la moitié vide – ou, à l'inverse, ne parler que des trains qui arrivent en retard et jamais de ceux qui arrivent à l'heure. Ces techniques de com' connues depuis des siècles par les cultures traditionnelles trouvent des applications politiques concrètes à notre époque en gestion de l'image et de la réputation, notamment en période électorale, par exemple dans les moyens de soutenir un candidat sans jamais faire campagne ouvertement pour lui, et même en le critiquant, mais en critiquant encore plus durement ses concurrents pour le faire paraître préférable par contraste. L'essentiel du message doit être compris en creux, en négatif, dans ce qui n'est pas dit.

D'un point de vue général, la ruse en politique consiste à inverser l'impératif catégorique kantien et à considérer autrui comme un moyen. Ce réductionnisme instrumental dans le rapport à autrui est soutenu par la technoscience et le paradigme des sciences de l'information et de la communication qui émerge après la Deuxième Guerre mondiale et commence à façonner l'idéologie dominante ainsi que la vie privée. La cybernétique, discipline inventée par Norbert Wiener dans les années 1940-1950 pour optimiser les calculs de balistique, décrit le monde comme un ensemble de systèmes en interactions à piloter et réguler, et abolit sur les plans théorique et pratique la frontière entre sujet et objet, vivant et non-vivant, donc cible humaine et cible objet en mouvement. L'ingénierie sociale, au sens du piratage informatique, consiste tout d'abord à hameçonner une cible humaine (*phishing*), c'est-à-dire à gagner sa confiance pour qu'elle s'ouvre à moi volontairement et que je puisse lui soutirer des informations ou modifier sa vision du monde avec son accord. Les deux grandes références dans ce domaine sont Kevin Mitnick, qui publiait en 2002 *L'art de la supercherie*, et Christopher Hadnagy, pour *Social Engineering: The Art of Human Hacking* (L'art du piratage humain) en 2010. Quand autrui me fait confiance, quand il s'ouvre à moi, il accepte que mon code fasse partie de son code, que ma parole fasse partie de sa réalité, voire que ma parole devienne sa réalité, construise sa réalité, comme un petit enfant prend la parole de ses parents pour la vérité absolue, ou comme un hypnotisé prend la parole subjective de l'hypnotiseur pour la réalité objective. La suggestibilité de la cible est essentielle et doit permettre de surmonter la méfiance instinctive et le mouvement naturel de fermeture animant tout être vivant qui cherche à assurer sa sécurité. Dès lors, on comprend mieux d'où vient la connotation négative associée systématiquement à la notion de fermeture, et la connotation positive associée tout aussi systématiquement aux notions d'ouverture et de société ouverte : c'est un « truc » d'ingénierie sociale et de psychologie des foules pour mieux les pirater et les violer après les avoir désarmées mentalement en culpabilisant leur tendance naturelle à se fermer pour contrôler et filtrer les influences venant de l'extérieur. Nul hasard dans le fait que le financier George Soros ait donné – en hommage à son maître Karl Popper – le nom d'Open Society à son réseau de fondations visant à abattre les frontières et à subvertir les nations et les protectionnismes au bénéfice du grand capital supranational.

Pour transformer le lien social dans un groupe, il ne suffit cependant pas toujours d'inspirer la confiance, il faut aussi savoir faire monter la méfiance entre les autres. L'opération psychologique de la « bleuite » pendant la guerre d'Algérie est un classique du genre et a consisté à répandre la rumeur dans les rangs algériens du FLN (Front de libération nationale) et de sa branche paramilitaire l'ALN (Armée de libération nationale) que s'y trouvaient des agents infiltrés au service des Français… alors qu'il n'y en avait pas ! Le capitaine Paul-Alain Léger, spécialiste de la guerre psychologique, prit comme cible le cerveau du colonel Amirouche, chef de la wilaya III en Kabylie, pour le persuader au moyen de divers subterfuges que son secteur était noyauté par des espions et des agents doubles travaillant pour la France. Le *leader* algérien et son organisation, convaincus d'un problème inexistant, commencèrent à s'autodétruire en lançant dans leur propre camp l'épuration de ceux qu'ils croyaient être des traîtres. Le doute, le soupçon, la paranoïa se sont diffusés de manière virale dans les rangs de l'ALN et du FLN pendant des mois, aboutissant à des purges sanglantes, sans aucun engagement physique pour les Français.

L'ingénierie sociale pourrait être appelée plus prosaïquement « subversion sociale ». En effet, cette approche du lien social consiste le plus souvent à diviser pour régner, c'est-à-dire à créer des conflits triangulés en jouant sur les relations de confiance, de méfiance et d'indifférence, et en exploitant ce que l'analyse transactionnelle appelle le triangle de Karpman, c'est-à-dire le système projectif bourreau/victime/sauveur qui tisse la trame des relations dans tous les groupes humains. Le système projectif est constitué de représentations qui ne correspondent pas nécessairement à la réalité. Pendant l'opération de la bleuite, la croyance en l'existence d'agents infiltrés qui n'existaient pas a eu le même résultat que s'ils avaient existé : la montée de la méfiance générale, aboutissant à l'autodissolution du groupe. La croyance en quelque chose qui n'existe pas peut avoir le même impact que quelque chose qui existe. La fiction peut avoir le même impact sur le réel que le réel lui-même. On peut donc agir sur le réel depuis la représentation du réel, donc depuis le langage – ce que les cultures traditionnelles appellent la « magie » – et peu importe que cette représentation soit vraie ou fausse. On reconnaît cependant les agents infiltrés réels à ce qu'ils cherchent toujours à lancer des « bleuites » dans les groupes humains, c'est-à-dire des épidémies de paranoïa et d'accusation mutuelle d'appartenir à une opposition contrôlée ou à une cinquième colonne infiltrée.

Organiser l'impuissance de l'adversaire est la première tâche du pouvoir. Les agents de division et de démoralisation travaillent à briser l'unité des groupes, mais aussi l'unité des individus en essayant de les rendre fous ou dépressifs. La guerre psychologique consiste souvent à prendre le contrôle du système de représentations de l'ennemi pour le pousser à la faute et ultimement à se frapper lui-même, ce qui est, encore une fois, moins coûteux que l'attaque frontale. Dans cette perspective, il faut savoir exploiter toutes les ressources de ce que la psychologie a isolé sous le concept de pulsion de mort, expression rassemblant tous les biais cognitifs risquant de contredire l'instinct de conservation. Le courant de la *Dark Psychology* sait en faire un usage intensif. La notion de *gaslighting*, d'après l'œuvre de Patrick Hamilton, émergera dans les milieux de la psychologie anglophone dans les années 1950 pour qualifier un trait de personnalité sociopathe pouvant être érigé en méthode, consistant à manipuler l'estime de soi chez autrui en le culpabilisant de ce que l'on fait soi-même par inversion accusatoire, phénomène courant dans les revendications victimaires des minorités actives et de leurs lobbies. Le concept d'inculcation de l'impuissance (*learned helplessness*) inventé par Martin Seligman en 1975 aura du succès auprès de la CIA pour travailler sur les mécanismes de la résignation et comment la provoquer chez autrui – en complément des expériences sur cobayes humains de reprogrammation mentale, mieux connues sous le terme anglais de *mind control*. Dans le monde communiste en période de guerre froide, l'ingénierie sociale était baptisée « technologie politique » et a donné naissance au « contrôle réflexif » (Рефлексивное управление), proche du poker menteur, combinaison de théorie des jeux, soit le calcul anticipé des coups de l'adversaire, et de *maskirovka* (camouflage), ou comment leurrer l'adversaire sur mes intentions pour l'envoyer sur de fausses pistes et lui faire abandonner le combat. Durant la même période, la Stasi en Allemagne de l'Est pratiquait la « décomposition », ou *Zersetzung*, qui consistait à plonger un individu dans une incertitude permanente sur tous les sujets, notamment sur ses relations de confiance avec ses proches, afin de le pousser au délire d'interprétation et de persécution, et si possible à la dépression et au suicide.

Comme on peut s'en douter à l'énumération de ces exemples, l'ingénierie sociale est inséparable d'une approche panoptique de la société, au sens de Michel Foucault, c'est-à-dire reproduisant les conditions d'un contrôle social de type carcéral, voire concentrationnaire. Demandons-nous maintenant où en est l'actualité de la surveillance des populations. Force est de constater que les choses ne font qu'empirer. Les progrès de la surveillance technologique et de la justice prédictive, dite aussi criminologie anticipatrice ou « actuarielle », sont toujours plus invasifs et semblent sans limites. Dans le même temps et de manière apparemment paradoxale, les informations fuitent et circulent également toujours plus. Les affaires Julian Assange (WikiLeaks) et Edward Snowden (NSA) ont eu le mérite d'étaler largement et de hisser au plus haut niveau géopolitique ce qui était devenu un secret de Polichinelle, à savoir que les USA espionnent le monde entier, à commencer par les chefs d'État et les pays alliés ! Mais l'enfer est pavé de bonnes intentions. La dictature numérique progresse en Occident sous prétexte d'assurer la sécurité des citoyens. La surveillance policière ayant toutefois mauvaise presse dans des sociétés occidentales de plus en plus libérales et libertaires, il a fallu, pour essayer de fabriquer le consentement à la dictature informatique, s'appuyer sur la représentation d'une « pandémie meurtrière » ou d'un réchauffement climatique d'origine humaine pour tenter de justifier le passe sanitaire, vaccinal ou climatique. En mars 2020, le transhumaniste Yuval Harari décrivait dans un entretien à l'UNESCO la crise sanitaire comme une opportunité pour faciliter le déploiement de technologies de surveillance « sous la peau » : « Nous assistons actuellement à la création de nouveaux systèmes de surveillance à travers le monde, aussi bien par des États que par des entreprises. La crise actuelle pourrait marquer un tournant majeur dans l'histoire de la surveillance. Tout d'abord parce qu'elle pourrait légitimer et normaliser le déploiement massif d'outils de surveillance dans des pays qui les ont rejetés jusque-là. La deuxième raison est encore plus importante : cette crise pourrait entraîner une transition radicale de la surveillance "sur la peau" à la surveillance "sous la peau". Auparavant, les gouvernements et les entreprises surveillaient principalement nos actes, en contrôlant les endroits où nous nous rendions et les personnes que nous rencontrions. Aujourd'hui, ils s'intéressent davantage à ce qui se passe à l'intérieur de notre corps : notre état de santé, notre température, notre tension artérielle. Ce genre d'informations biométriques permet aux gouvernements et aux entreprises d'en savoir bien plus sur nous qu'auparavant. »[2]

Identité numérique, monnaies numériques, société sans contact, contrôle d'Internet, géolocalisation, reconnaissance faciale, interfaces corps/machine ou cerveau/machine pour tracer les objets et le bétail (humain ?), la liste des menaces cybernétiques qui pèsent sur l'espèce humaine pourrait se prolonger sur des pages. Ce que nous ne ferons pas, car elles sont déjà accessibles sur un moteur de recherche ou en librairie. Il paraît plus urgent de les ramener à leur logique d'ensemble, pas toujours apparente. En effet, les questions techniques sont cruciales, mais n'épuisent pas le débat. Par-delà l'involution du droit positif en Occident ou les ramifications infinies de la technostructure, il devient donc opportun de parler de choses moins connues, à savoir les principes d'ingénierie sociale qui organisent la pensée du droit et la conception de la technostructure. Parler des concepts qui construisent l'architecture psychologique et relationnelle de nos sociétés de surveillance. Décrire ce que Big Brother a dans la tête, et surtout comment il s'y prend pour pirater littéralement ce qu'il y a dans les nôtres.

---

2. Harari (Yuval), «Chaque crise est aussi une opportunité», in *Le Courrier de l'UNESCO*, 2020, p. 48-53 : https://fr.unesco.org/courier/2020-3/yuval-noah-harari-chaque-crise-est-opportunite

Tout d'abord, distinguons un ancien et un nouveau Big Brother. Celui décrit par Georges Orwell dans *1984* est encore primitif. C'est la figure totalitaire classique de la domination politique : Staline, Mao, Hitler, Mussolini, et tous les potentats traditionnels. Ils sont en position de pouvoir et tout le monde le sait. Ils sont vus, placés au centre de l'attention, avec leurs portraits reproduits dans les maisons, une statue à chaque rond-point et leur figure omniprésente dans les médias. C'est le pouvoir au premier degré, le phallus symbolique, patriarcal et incontournable, le totem au centre du village. L'organigramme officiel de la hiérarchie est complet. Visibilité maximum, donc, pour l'ancien Big Brother. Le nouveau Big Brother est plus subtil, car il est invisible. Vous ne savez même pas qu'il est au pouvoir. Pire, vous êtes persuadé que c'est quelqu'un d'autre qui occupe le pouvoir, vous-même ou un ennemi fictif. L'organigramme officiel du pouvoir n'est pas complet, il existe encore un autre pouvoir officieux. Dans *Propaganda*, publié en 1928, Edward Bernays parlait déjà du « gouvernement invisible » des démocraties, fort différent de celui qui est mis en avant sous le feu des projecteurs. La différence entre l'ancien et le nouveau Big Brother est donc simple. L'ancien Big Brother vous regarde, et veut aussi être regardé par vous. Le nouveau Big Brother vous regarde, comme l'ancien, mais contrairement à l'ancien, il ne veut surtout pas à être regardé par vous. L'essentiel de son travail consiste à dissocier le couple « voir » et « être vu » : il vous voit, mais vous ne le voyez pas. En termes de perception politique, la relation avec l'ancien Big Brother était symétrique : le dominant et le dominé se connaissent mutuellement comme dominant et dominé. Avec le nouveau Big Brother, la perception est asymétrique : le dominant voit toujours le dominé, mais le dominé ne voit plus le dominant, et peut même croire qu'il n'existe pas ou qu'il est lui-même le dominant. Le nouveau Big Brother « démocratique » en est d'autant plus puissant et totalitaire. Un pouvoir invisible sera toujours plus envahissant qu'un pouvoir visible. En 1981, dans un entretien controversé à cause de ses propos sur l'euthanasie, Jacques Attali anticipait sur la dictature hygiéniste et les instruments de contrôle social que l'on voit se développer aujourd'hui de manière coercitive pour des raisons médicales : « Ensuite, toutes les médecines du futur qui sont liées au contrôle du comportement peuvent avoir une incidence politique majeure. Il serait en effet possible de rendre conciliable la démocratie parlementaire avec le totalitarisme puisqu'il suffirait de maintenir toutes les règles formelles de la démocratie parlementaire, mais en même temps de généraliser l'utilisation de ces produits pour que le totalitarisme soit quotidien. M.S. : Est-ce que cela paraît concevable, un "1984" orwellien basé sur une pharmacologie du comportement ? J.A. : Je ne crois pas à l'orwellisme, parce que c'est une forme de totalitarisme technique avec un Big Brother visible et centralisé. Je crois plutôt à un totalitarisme implicite avec un Big Brother invisible et décentralisé. Ces machines pour surveiller notre santé, que nous pourrions avoir pour notre bien, nous asserviront pour notre bien. En quelque sorte, nous subirons un conditionnement doux et permanent... »[3]

« *Big Brother is watching you. But you are NOT watching it.* » En veillant soigneusement à rester invisible, le nouveau Big Brother fait donc du piratage (*hacking*). Le piratage est le viol furtif de l'intégrité d'un système. Si votre ordinateur est piraté, cela veut dire que quelqu'un y est entré sans que vous ne le voyiez, ou alors trop tard. Mais plus fort que le piratage informatique, il y a le piratage cognitif, l'infiltration du cerveau, ou neuro-piratage. La méthode générale du piratage de tout système, d'un ordinateur ou d'un cerveau s'appelle

---

3. ATTALI (Jacques), « La médecine en accusation », in *L'avenir de la vie*, dirigé par Michel Salomon, Seghers, 1981, p. 272.

l'ingénierie sociale. Le pirate informatique Kevin Mitnick en a posé les bases en montrant que le maillon faible des systèmes de sécurité est le facteur humain. En ce sens, l'ingénierie sociale est la méthode générale par laquelle un pirate devient invisible aux yeux d'un piraté, et s'ouvre ainsi la possibilité de lire et de modifier furtivement le code source du piraté, c'est-à-dire les constantes et les commandes qui définissent son programme comportemental racine.

Dans sa version la plus négative et destructrice, l'ingénierie sociale procède en deux temps : une accroche de la proie, un hameçonnage, dont la condition de succès est l'invisibilité du prédateur aux yeux de la proie ; puis la destruction de la proie, c'est-à-dire sa dissolution dans un processus d'entropie accélérée indirecte, dont la procédure consiste à faire monter en elle les contradictions jusqu'au point de rupture. De la sorte, la proie meurt et disparaît sans avoir jamais compris ce qui lui arrivait, ou alors trop tard. La métaphore de la pêche à la ligne est judicieuse. Un poisson qui voit un prédateur s'enfuit, ou se défend. Pour tromper l'instinct de conservation du poisson, le prédateur doit tromper sa vigilance au moyen d'un hameçon. Le poisson doit percevoir ce qui va le tuer comme inoffensif, et même comme carrément bon pour lui et attractif. Un faux bien pour un vrai mal. De fait, le poisson hameçonné n'a perçu que l'asticot, pas le crochet qui va le tuer ni le pêcheur sur la rive qui va le manger. La question que se pose le nouveau Big Brother est toujours : « Comment fait-on pour occuper la place du pêcheur, invisible aux yeux du poisson, c'est-à-dire comment occuper la place du prédateur invisible aux yeux de la proie ? » La réponse est : « Par l'inversion apparente des rôles. » Le prédateur se fait passer pour une proie. Le fort se fait passer pour le faible. Pour filer la métaphore, on peut dire qu'avec sa canne à pêche comme prolongement de son bras, le pêcheur se fait passer pour un asticot. À notre époque victimaire, cela signifie que le prédateur doit occuper la place de la « victime ».

Le concept de « triangle dramatique » proposé par le psychiatre Stephen Karpman décrit une structure courante d'interaction sociale à trois places : la victime, le bourreau, le sauveur. La première étape de l'ingénierie sociale, l'hameçonnage, se performe en devenant invisible en tant que prédateur, ce qui réclame bien souvent d'occuper la place de la « victime » ou du « sauveur » dans l'imaginaire psychosocial et sa géométrie relationnelle. La deuxième étape consistera pour le prédateur à détruire sa proie en faisant monter les contradictions en elle, ce qui, appliqué à l'humain, signifie orchestrer et provoquer des conflits triangulés entre les divers acteurs sociaux du système cible en les décrivant comme des « bourreaux » mutuels. Organiser la guerre de tous contre tous, gouverner par le chaos. Mais un chaos dirigé.

La maîtrise de la gamme des relations de confiance, d'indifférence et de méfiance est donc la clé du neuro-piratage et de l'ingénierie sociale. Dès lors que vous me faites confiance parce que je suis une « victime » ou un « sauveur » à vos yeux, vous abaissez vos défenses, vous vous ouvrez à moi et je commence à entrer dans votre cerveau, donc à infiltrer le poste de commande central de votre système de défense. Devenir invisible en tant que prédateur nécessite donc d'éveiller la confiance, ou à défaut, de ne rien éveiller du tout, donc de mettre en place une tache aveugle d'indifférence derrière laquelle j'avancerai et agirai en toute impunité. La deuxième phase, celle du conflit triangulé, se réalisera par le fait d'éveiller la méfiance entre vous et les autres acteurs du système cible, décrits comme des « bourreaux » les uns des autres.

Pour prendre le pouvoir et le conserver, notre nouveau Big Brother applique donc cette méthode d'ingénierie sociale de manière systématique. Chacun en constate quotidiennement les déclinaisons dans les médias et dans le champ sociopolitique, où les mêmes histoires et les mêmes éléments de langage sont répétés à l'infini de façon monotone, comme des mantras, avec d'infimes variations sur le même thème, pour essayer de conditionner des réflexes mentaux pavloviens dans la population, dressée à désigner une victime, un bourreau, un sauveur... et c'est tout! Une impression de robotisation générale se dégage de tout cela, qui n'est contradictoire qu'en apparence avec la production de chaos. En effet, pour mieux automatiser le comportement humain, mieux le programmer, le planifier, le contrôler, le piloter, le mécaniser, rien de tel que de le plonger dans le chaos, c'est-à-dire la panique. La branche du behaviorisme qui étudie les effets du stress extrême a montré qu'en situation de grande anxiété, d'urgence vitale, de panique, le cerveau reptilien et ses fonctions primaires l'emportent sur le néocortex dialectique. Cette mise à l'écart des fonctions complexes du cerveau permet de réduire le nombre de comportements possibles à ceux de la survie : comportements instinctifs, stéréotypés, rigides, faciles à modéliser et à prévoir, et surtout de court terme, à courte vue et non planifiés, de type «réflexes», donc parfois contre-productifs et autodestructeurs, car irréfléchis. La réduction de la diversité et de la complexité comportementales s'accompagne d'une réduction de l'incertitude comportementale, donc d'une meilleure prédictibilité des comportements. Pour prendre efficacement le contrôle d'un groupe, il faut qu'il n'ait jamais le temps de réfléchir. Le nouveau Big Brother cherche comme l'ancien à homogénéiser nos comportements et à ramener leur diversité à l'unité; mais le nouveau a compris que pour y parvenir, il était plus efficace de compter sur le désordre et l'anarchie que sur un ordre social lucide dont la stabilité peut se retourner contre le Pouvoir lui-même. Les derniers développements de la criminologie vont dans ce sens.

Dans l'arsenal méthodologique de l'ingénierie sociale, la criminologie occupe une place de choix, en particulier dans sa version dite actuarielle. La science actuarielle est une branche de la science du risque (cindynique) qui consiste à calculer le potentiel de dangerosité d'un individu ou d'un groupe puis à prendre des mesures par anticipation. Cette approche en termes de prévision comportementale, qui justifie une arrestation avant même qu'il y ait eu passage à l'acte et que le délit soit réellement commis, a été popularisée par le film *Minority Report*, adapté d'une nouvelle de Philip K. Dick. Une description minutieuse en est donnée par Bernard Harcourt, professeur de droit, dans un entretien avec le juriste et magistrat Antoine Garapon : « La dangerosité, écrivait il y a plus de 25 ans Robert Castel dans un livre prémonitoire intitulé *La gestion des risques* ; la dangerosité, écrivait-il, est cette notion mystérieuse, qualité immanente à un sujet mais dont l'existence reste aléatoire puisque la preuve objective n'en est jamais donnée que dans l'après-coup de sa réalisation. Le diagnostic qui est établi est le résultat d'un calcul de probabilité ; la dangerosité ne résulte pas d'une évaluation clinique personnalisée, mais d'un calcul statistique qui transpose aux comportements humains les méthodes mises au point par l'assurance pour calculer les risques. D'où une nouvelle science (et retenez bien ce mot) : la science actuarielle. »[4]

Aujourd'hui, la criminologie n'a plus pour but d'arrêter les criminels, mais de standardiser les comportements. La réforme pénale soutenue en son temps par Christiane Taubira, qui ouvre les prisons et remet délinquants et criminels dans la rue moyennant un suivi

---

4. « La criminologie actuarielle », *France Culture*, 23 avril 2008 : https://www.radiofrance.fr/franceculture/podcasts/le-bien-commun-13-14/la-criminologie-actuarielle-3454827

administratif ponctuel, fut qualifiée à tort de laxiste. Elle appartient au registre de l'anarcho-tyrannie, selon le concept de Samuel T. Francis, cette forme de contrôle social faisant un usage stratégique du désordre social. Au-delà de sa première fonction apparente de production d'insécurité, ce type de réforme pénale s'inscrit en outre dans un dispositif ultra-répressif visant à réduire la différence de traitement entre ce qui est coupable et ce qui ne l'est pas. Ce brouillage des limites entre la dangerosité réelle et la dangerosité potentielle, qui ne distingue plus clairement le monde carcéral du reste de la société, s'applique aussi sous prétexte d'urgence sanitaire dans les diverses mesures visant à traiter tout individu comme s'il était malade, sur la base du risque qu'il le devienne. Depuis 2020, le pouvoir joue au docteur Knock et fait intérioriser aux bien-portants qu'ils sont des malades potentiels. Sur le même principe, la criminologie actuarielle va éroder, abraser, abolir la barrière entre le coupable acté et le non coupable de l'autre. Ces deux approches participent chacune de la même philosophie visant à ce qu'il n'y ait plus que des malades et des coupables potentiels, et de la semi-liberté pour tous. Ces pratiques de contrôle social n'ont donc rien de juridique ni de sanitaire, mais appartiennent au registre actuariel, lequel cherche à diluer et confondre les statuts distincts de la pathologie et de la santé, d'une part, et, d'autre part, de la culpabilité et de l'innocence, dans une « soupe primitive » indifférenciée permettant d'étendre les mesures d'isolement et de confinement par prévention, et à étendre de ce fait les murs de la prison et de la quarantaine à la société entière.

La criminologie actuarielle peut être combinée à la justice prédictive, mais aussi à la médecine prédictive, pour essayer de justifier l'inversion de la charge de la preuve. Que cela change-t-il ? Nous devenons tous suspects ou malades *a priori*. La santé n'existe plus, car vous êtes potentiellement « cas contact », « porteur sain » ou

« asymptomatique », et vous devez vous faire tester et dépister même si vous êtes en pleine forme. Dans le champ juridique, la présomption d'innocence est renversée en présomption de culpabilité. Ce n'est plus au procureur d'apporter la preuve que vous êtes coupable, c'est à vous d'apporter la preuve que vous êtes innocent. Votre « dangerosité évaluée » et votre « potentiel criminel » suffisent à déclencher la machine judiciaire et à faire s'abattre sur vous les brigades de l'antiterrorisme. L'acte délictueux n'est plus nécessaire, la probabilité pour que vous le commettiez suffit. Pire que le délit d'intention, c'est le délit d'intention possible. Le stratagème pour justifier la surveillance et l'autosurveillance des populations au nom d'une « menace terroriste » diffuse, globale, paranoïaque est aujourd'hui associé à la « menace sanitaire », plus efficace, car flattant les tendances hypocondriaques de chacun, et aboutissant à ce défilé quotidien de zombies aux têtes de chiens battus sous leurs masques faciaux. De son côté, le terrorisme est devenu endémique et autonome, il s'accomplit par des coups de couteau dans la rue et n'a plus besoin des services spéciaux d'État, ni de leurs supplétifs paramilitaires venant les seconder, et qui sont les seuls vrais acteurs en capacité d'organiser des attentats d'ampleur, comme ceux de *Charlie Hebdo* ou du Bataclan. Ce fait troublant sautera aux yeux de quiconque fera l'effort de s'informer un peu sur les méthodes de travail des unités spéciales de la police et de l'armée. Les réseaux *Gladio* et *Stay Behind*, et leur « stratégie de la tension », sont toujours d'actualité. Un nouveau slogan, « Démocratiser la culture du renseignement », doit donc être propagé le plus largement possible, de sorte que la vraie nature des opérations clandestines apparaisse en relief et en direct, au moment même où elles ont lieu, et qu'elles n'abusent plus personne.

J'accuse donc l'État français de terrorisme sanitaire, mais aussi islamiste. Car pendant que des individus sont abattus sans procès pour étouffer la vérité dans des attentats aux ramifications compromettantes, l'État français tue en Libye et en Syrie, où il soutient des djihadistes et autres «rebelles modérés» accomplissant du «bon boulot» et engagés dans des massacres au service du «remodelage du Grand Moyen-Orient» lancé par George W. Bush dans son discours du 26 février 2003. J'accuse aussi l'État français de terrorisme d'extrême droite. Car pendant que les organisations patriotiques sont diabolisées et accusées de fascisme en France, l'État français tue en Ukraine où il soutient la révolution colorée de Maïdan et ses putschistes néonazis pour renverser le gouvernement légal à Kiev en février 2014 et faire avancer les pions de l'OTAN sur son grand échiquier vers Moscou. Et j'accuse enfin l'État français de terrorisme d'extrême gauche. Car, pendant que les Gilets jaunes défilaient, l'État français infiltrait ses agents de police «appariteurs» déguisés en *black blocs* dans les manifestations et dans le gauchisme «antifasciste» afin de pousser ses militants à la violence et maintenir une stratégie de tension favorable aux intérêts du capitalisme international. J'accuse donc l'État français de haute trahison et d'intelligence avec l'ennemi quand il se met au service d'intérêts étrangers et gouverne ce pays par le chaos contrôlé.

Intuitivement, le chaos c'est l'incertitude et l'imprévisibilité. À première vue, un sujet chaotique devrait donc être incertain et imprévisible. Le grand secret de l'ingénierie sociale est que, contrairement aux apparences, plus un sujet est chaotique, plus il est prévisible. Un sujet plongé dans le chaos ne développe que des logiques à très court terme, purement réactives, donc faciles à deviner et anticiper, et il devient incapable d'élaborer une planification stratégique autonome sur le long terme. Sur le plan émotionnel, le chaos est synonyme de panique. Or rien de plus prévisible qu'un sujet paniqué. En outre, même si le sujet paniqué échappe au scénario prévu, il n'en reste pas moins qu'il n'a pas pu élaborer son propre scénario. C'est là le plus important. Dans les systèmes complexes, il est vain de vouloir tout contrôler, mais l'on peut limiter l'horizon des possibles. Le vrai pouvoir ne consiste pas à gagner la partie mais à définir la règle du jeu.

C'est à la découverte des principes de l'ingénierie sociale et de la gouvernance par le chaos que vous invite ce livre, publié pour la première fois aux éditions Max Milo en 2010. Tout ce que cet opuscule annonçait à l'époque, notamment la tentative de réinitialiser l'humanité pour implémenter une dictature transhumaniste, a été confirmé avec le temps. L'introduction de la troisième édition que vous tenez entre les mains fusionne la préface de la deuxième édition de 2014 avec un article paru en 2021, dans le numéro 80 de la revue *Civitas*, et le reste du texte a été revu et augmenté. Pourquoi avoir maintenu l'anonymat de l'auteur pour les deux premières éditions et le lever maintenant? L'anonymat est une discipline dont le but est de se concentrer sur le message plutôt que sur le messager. De quoi souffre le débat politique aujourd'hui? D'un excès de personnalisation. Cette situation ne doit rien au hasard, c'est une technique de communication vieille comme le monde et qui vise à contourner les faits gênants en déplaçant le débat sur la personne qui les rapporte. Or les faits sont aujourd'hui systématiquement gênants pour le Pouvoir, dont le véritable ennemi est le Réel et qui s'acharne donc à faire diversion sur les gens qui pointent les faits. «Quand le doigt montre la lune, l'idiot regarde le doigt.» Pour hystériser le débat, on ne parlera volontairement que du doigt, de sorte à rendre tout le monde idiot. L'examen objectif du réel est ainsi remplacé par des débats subjectifs et passionnels, qui font baisser le niveau et nous enferment dans la virtualité du Spectacle politique. Quand quelqu'un dit «2 + 2 = 4», cela consiste à reformuler «Vous pensez que 2 + 2 = 4 ». Donc à rajouter une signature à un fait. Ne pas signer un texte est alors le premier pas d'une pédagogie du retour du réel en politique. Telle était mon intention originelle. Au fil du temps, il m'a fallu cependant tenir compte également d'un autre fait, évident dès qu'on pratique un peu les questions de mémétique et de communication : une information qui ne se transmet pas n'existe pas. Les idées n'ont pas d'existence intrinsèque, elles n'existent que parce qu'elles sont diffusées et portées à bout de bras par ceux qui les soutiennent, et le bouche-à-oreille ne suffit pas toujours. Telle est la raison du petit changement sur la couverture du livre.

Ordo ab chao

Dans un article du 19 novembre 2008 paru dans le quotidien *Libération*, le philosophe Giorgio Agamben récapitulait ainsi les débuts de l'affaire dite de Tarnac : « À l'aube du 11 novembre, 150 policiers, dont la plupart appartenaient aux brigades antiterroristes, ont encerclé un village de 350 habitants sur le plateau de Millevaches avant de pénétrer dans une ferme pour arrêter neuf jeunes gens (qui avaient repris l'épicerie et essayé de ranimer la vie culturelle du village). Quatre jours plus tard, les neuf personnes interpellées ont été déférées devant un juge antiterroriste et "accusées d'association de malfaiteurs à visée terroriste". »[5]

Cagoulés et armés, les policiers et gendarmes ont rondement mené leur opération, déroulée sous le nez des journalistes, prévenus à l'avance, et d'une population locale choquée par la mise en scène intentionnellement spectaculaire et traumatisante. Âgés de 23 à 34 ans, les neuf individus arrêtés dans leur sommeil se retrouvaient mis en examen par le ministère de l'Intérieur pour avoir pris part à des

---

5. « Terrorisme ou tragi-comédie », *Libération*, 19 novembre 2008 : https://www.liberation.fr/societe/2008/11/19/terrorisme-ou-tragi-comedie_257959/

sabotages de lignes de trains de la SNCF. Un ouvrage politique, intitulé *L'insurrection qui vient,* rédigé par un « Comité invisible » anonyme, mais attribué à ce groupe, sert de pièce à conviction aux policiers. On peut y lire des appels à la désobéissance civile et au sabotage des instruments du pouvoir, ce qui rattache ce texte à la mouvance qualifiée d'ultragauche, laquelle serait grandement susceptible de passer à l'acte, toujours selon le ministère. Mais en dehors de ces suppositions, le dossier reste vide et les preuves matérielles ne se bousculent pas pour rendre l'accusation crédible. Une dizaine d'autres jeunes gens soupçonnés d'être liés à ce groupe ont été arrêtés le même jour ailleurs sur le territoire, mais rapidement relâchés, faute d'éléments à charge. Très vite, un autre comité, de soutien celui-là, se met en place, composé de proches des accusés, famille, amis, voisins, ainsi que d'intellectuels et de journalistes sympathisants. L'accusation un peu rapide de terrorisme et la détention sans preuve qui se prolonge pourtant pour plusieurs personnes ont scandalisé pas mal de monde, bien au-delà des milieux militants d'extrême gauche. D'autres collectifs de soutien poussent un peu partout en France et même à l'étranger ; des conférences, des concerts et des manifestations sont organisés sur le mot d'ordre : « Sabotons l'antiterrorisme ! »

Le samedi 31 janvier 2009, l'une de ces manifestations serpentait dans les rues de Paris à travers les 5e et 14e arrondissements. Une population hétérogène s'était au préalable rassemblée sur la place Edmond Rostand, point de départ du défilé, entre les grilles vernies du jardin du Luxembourg et les colonnes du Panthéon au bout de la rue Soufflot. Le cortège se mit en branle en début d'après-midi et descendit vers le sud en direction de la prison de la Santé, où était encore enfermé Julien Coupat, l'un des neuf inculpés, présenté dans les médias comme le chef du groupe. Tout au long du parcours, des cordons de CRS bloquent l'accès aux rues perpendiculaires et canalisent le cortège dans une sorte de souricière dont le but est d'empêcher que l'on puisse s'approcher en nombre de la maison d'arrêt. Stoppés sur le boulevard Arago et se rendant compte trop tard de la manigance, des manifestants se mettent à envoyer des projectiles et à tirer des mortiers de feux d'artifice à l'horizontale sur les CRS; lesquels, protégés derrière leurs boucliers et leurs camions grillagés, ne risquent de toute façon pas grand-chose...

La manifestation se dissout en une trentaine de minutes, laissant derrière elle une ambiance d'émeute urbaine avortée ainsi que des panneaux publicitaires démolis. Pendant tout le défilé, le camion sono d'où bourdonne de la musique arbore une parodie de slogan peinte sur son flanc : « Al-Qaïda. Oui, c'est possible ! » De nombreuses personnes se sont munies de pancartes artisanales qui déclarent en substance « Nous sommes tous des terroristes ! » Des petits masques blancs, comme ceux du mouvement des stagiaires, sont distribués, sur lesquels on a écrit le mot TERRORISTE au marqueur. Bref, tout le monde réclame le statut de terroriste. Situation qui nous fait irrésistiblement penser à la dernière séquence de *V pour Vendetta*, quand le peuple descend dans la rue pour prendre d'assaut le Parlement, chaque visage dissimulé derrière un masque de Guy Fawkes, celui des Anonymous, identique à celui que porte un mystérieux justicier solitaire que la police et les médias accusent d'être... un terroriste.

Le fil conducteur de la suite des événements restera pour la postérité ce qu'il est effectivement convenu d'appeler une « bouffée délirante » de la justice française, condamnée à la fuite en avant pour ne pas perdre la face. Dans les premiers jours, tout sembla cohérent, mais assez rapidement le dossier s'avéra vide de preuves et davantage symptomatique d'une évolution inquiétante du Pouvoir, engagé dans une dérive de suspicion généralisée et dans un fantasme de contrôle total. Après des années d'investigation, le dossier à charge était toujours aussi vide. Aucune preuve, rien, le néant. En 2018, les principaux accusés étaient finalement relaxés et la présidente de la 14e chambre du tribunal correctionnel de Paris, Corinne Goetzmann, avait la phrase suivante : « L'audience a permis de comprendre que le groupe de Tarnac était une fiction. »[6] Or c'est bien sur la base d'une fiction que les mesures de détention et de contrôle policier s'empilèrent sans aucun principe de réalité pendant dix ans, qu'une bonne vingtaine de personnes eurent à subir également de la garde à vue, et qu'un dixième larron fut mis en examen pour avoir eu le malheur d'être sympathisant de ces dangereux épiciers. Alors pourquoi ? Il est aujourd'hui permis de se demander : de quoi l'affaire de Tarnac fut-elle le nom ?

Certes, des intérêts carriéristes particuliers ont probablement joué, quand des services du renseignement ont eu besoin de s'inventer des ennemis pour ne pas disparaître dans des restructurations fatales ou quand un conseiller en criminologie de l'Élysée s'est mis à voir des terroristes partout pour faire plaisir à l'un de ses premiers employeurs, la mairie de New York. Mais au-delà de ces petites tractations véreuses, cette histoire nous semble être le révélateur d'une véritable mutation du champ politique. On pourrait dire qu'apparemment il n'y a rien de neuf sous le soleil. L'anthropologie nous a appris que, de tout temps, le pouvoir a dû s'appuyer sur le mensonge et les boucs émissaires pour asseoir son emprise. Mais, les stratégies mensongères de l'ordre ancien présentaient malgré tout au moins un avantage, celui d'offrir en plus à la majorité dominée un espace de stabilité sociale et psychique. Le chaos était l'ennemi de l'ordre. Au XXe siècle, de nouvelles formes de contrôle social sont apparues,

---

6. « Procès Tarnac : une relaxe quasi générale balaie les errances de l'enquête », *Sud Ouest*, 12 novembre 2018 : https://www.sudouest.fr/justice/proces-tarnac-une-relaxe-quasi-generale-balaie-les-errances-de-l-enquete-3104452.php

que l'on peut rassembler sous le concept d'ingénierie sociale, et dont l'objet est non seulement de déréaliser la sphère publique, comme par le passé, mais en outre de déstructurer intentionnellement le corps social et le psychisme individuel dans les classes populaires. Aujourd'hui, le chaos est l'instrument de l'ordre.

Ce nouvel ordre postmoderne, mondialisé, globalisé, résulte dès lors d'une alliance entre le mensonge, plus que jamais au cœur du système, et un certain nombre de techniques de déconstruction programmée des équilibres socioculturels. Le «pompier pyromane» est le nom de l'une de ces méthodes de marketing politique qui consiste, par exemple, à créer en amont de l'insécurité pour créer en aval une «demande» de sécurité et y répondre par une «offre» sécuritaire. L'antiterrorisme, comme mode de gouvernement reposant sur la diffusion d'une peur inductrice de soumission dans les couches populaires, a donc absolument besoin de terroristes, réels ou fictifs. Dans les deux cas, il faut les créer, par l'entretien de conditions sociologiques favorables à leur émergence ou, à défaut, de manière totalement imaginaire. Mais chut, personne ne doit le savoir et tous doivent trembler devant ces nouveaux épouvantails et Pères Fouettard – ultragauche, extrême droite, islamistes – sur lesquels le système est entièrement fondé et sans lesquels il s'effondrerait rapidement. La «menace terroriste», dont Julien Coupat et ses amis ont été accusés, s'inscrit complètement dans ce dispositif qui permet de criminaliser à peu près quiconque ne pense pas correctement. Tel qu'un Varg Vikernes, le musicien norvégien établi en 2013 dans un village de Corrèze – lui aussi – après avoir purgé une peine de prison dans son pays natal, et suspecté d'être un survivaliste, doublé d'un suprémaciste blanc néo-païen, donc d'entretenir de mauvaises pensées d'extrême droite – pour varier un peu. L'accusation de «dérive sectaire et complotiste» apparue en 2021 dans un document de la Miviludes va permettre de ranger dans une catégorie fourre-tout et aux limites floues les véritables « dérives sectaires et complotistes » aux côtés d'individus appliquant le doute cartésien au discours politico-médiatique, ou ne supportant plus l'enfer des villes modernes et souhaitant s'installer en autonomie à la campagne. L'accusation purement médiatique autorise parfois le Pouvoir à tuer arbitrairement et sans procès. Dans un État de droit, la culpabilité d'un accusé émerge au cours d'un procès équitable et contradictoire pendant lequel on apporte les preuves de la culpabilité si elles existent. Il semble que cela soit devenu superflu quant au traitement de certains « terroristes », que ce soit en France ou à Guantanamo. Pour tous ceux qui sont tués pendant leur arrestation, nous ne saurons donc jamais s'ils ont agi en indépendant, ou s'ils avaient le feu vert de leurs agents traitants, ou si ce sont des dommages collatéraux d'une guerre intestine entre services de police. Tel fut le cas d'un indicateur du nom de Mohammed Merah, qui voyagea en Israël, en Turquie, en Syrie, en Jordanie, au Pakistan, en Afghanistan, sous l'œil de services de renseignement qui le sacrifièrent après usage.[7]

Notre objet d'étude est cette involution méthodique et planifiée, dont l'analyse fut inaugurée dans l'ouvrage insurrectionnel déjà cité. Ce qui est arrivé à celles et ceux qui se sont associés de trop près à ce texte ne fait qu'en confirmer le constat. L'idéal politique, exposé dans le tract *Mise au point*, distribué lors d'une manifestation hivernale en 2009, est ici réaffirmé au moins dans la perspective de « collectiviser » l'accusation, de la mutualiser et de l'étendre au maximum de sorte à la rendre ingérable par le pouvoir, sauf à ce qu'il révèle ses vraies intentions, à savoir l'incarcération de la population entière, révélant par là même sa vraie nature. Oui, il y a « un ordre à faire

---

7. « Comment Mohamed Merah est "devenu" informateur des "services" », *Slate*, 27 mars 2012 : https://www.slate.fr/story/52297/mohamed-merah-informateur

tomber ». Détruire pour régner, telle est la devise de ce Nouvel Ordre Mondial fondé sur le chaos et qu'il nous faut renverser. Détruire ceux qui détruisent pour régner relève donc à ce stade de la simple légitime défense.

Politique et massification

La définition d'une stratégie de défense pertinente suppose de bien connaître son ennemi pour en découvrir les points forts, à contourner, et les points de vulnérabilité, à attaquer. À cette fin, reprendre à notre compte les théories de la « gestion de risques », dont l'application permet de déceler les faiblesses ainsi que les saillances de tout système. Et pour commencer, décrire le théâtre des opérations, le plus précisément possible, avant d'agir.

Du général au particulier, l'état des lieux semble devoir commencer par le constat suivant : dans le contexte des sociétés de masse, la politique est toujours plus ou moins une activité de contrôle social exercé par des minorités dominantes sur des majorités dominées. Nulle raison de s'en réjouir, mais il semble bien qu'au-delà d'un certain seuil démographique, l'idéal politique de démocratie directe, participative et autogestionnaire doive céder sa place au système de la représentation, avec tous les phénomènes de confiscation élitaire du pouvoir qui lui sont consubstantiels. La nature de ce contrôle social des masses, depuis longtemps synonyme de la pratique politique concrète, a néanmoins subi de profondes mutations au fil du temps, notamment au XXe siècle. En effet, à partir des années 1920, l'étude scientifique du comportement humain a commencé de prendre la place de la religion et de la philosophie comme fondement de cette pratique politique. Pour la première fois dans l'histoire de l'humanité, le conseiller du Prince ne débattait plus d'idées à une tribune ou dans un livre, mais s'occupait de stimuli-réponses dans un laboratoire. Ce changement de méthode a donné naissance ou s'est consolidé grâce à de nouvelles disciplines telles que le marketing, le management, la cybernétique, que l'on regroupe sous le terme de sciences de la gestion, et qui sont donc devenues les nouveaux instruments de la pratique politique et du contrôle social. Ainsi, d'une activité d'inculcation d'un système de valeurs – une loi, divine ou républicaine –, la politique s'est déplacée vers les questions purement techniques d'ingénierie des comportements et d'optimisation de la gestion des groupes. Grâce à ces nouveaux outils, les élites politiques des pays industrialisés ont ainsi pu faire l'économie de toute forme d'axiologie, de discussion sur les valeurs, les idées, le sens et les principes, pour ne se consacrer qu'à une technologie organisationnelle des populations.

En l'espace de quelques décennies, les pays développés sont donc passés d'un contrôle social fondé sur le langage, l'interlocution, la convocation linguistique de l'humain et l'activation de ses fonctions de symbolisation, à un contrôle social reposant sur la programmation comportementale des masses au moyen de la manipulation des émotions et de la contrainte physique. Et sous cette impulsion, comme le remarque Bernard Stiegler, les sociétés humaines sont en train de passer d'un surmoi symbolisé, la Loi au sens général, à un surmoi automatisé, la contrainte technologique pure, après une transition par une sorte de « surmoi émotionnel » émanant du Spectacle.

Autrement dit, la politique qui était jadis l'art de réguler les contradictions d'un groupe par inculcation chez ses membres d'une Loi commune, une grammaire sociale structurante et permettant l'échange au-delà des désaccords, la politique est devenue aujourd'hui l'art d'automatiser les comportements sans discussion.

La fonction symbolique, c'est-à-dire la capacité de rationalisation des émotions et d'articulation dialectique de leurs contradictions dans un discours partagé, la capacité à continuer de se parler alors que nous ne sommes pas d'accord, clé de voûte de l'élaboration du sens commun d'un groupe organisé et du tissage du lien social, est directement attaquée par cette mutation. Si le sujet humain est bien un « sujet parlant » comme l'indique la psychanalyse, un être de Verbe, de Parole, de dialectique, donc aussi de polémique, alors on peut dire que ces nouveaux instruments de la pratique politique permettent de faire tout simplement l'économie de la subjectivité et de réduire un groupe de sujets à un ensemble d'objets.

Politique, *Great Reset* et mondialisation

Jacques Attali, l'un des plus fins observateurs sociopolitiques de l'époque, ne cesse de le rappeler, que ce soit dans ses écrits ou ses interventions médiatiques : la plupart des dirigeants contemporains ne poursuivent fondamentalement que deux buts, le premier étant de mettre sur pied un gouvernement mondial; le deuxième, afin de protéger ce gouvernement mondial de tout renversement par ses ennemis, étant de créer un système technique mondialisé de surveillance généralisée fondé sur la traçabilité totale des objets et des personnes, réduites à l'état d'objets. En effet, dans le système cybernétique global, les sujets connectés deviennent des objets connectés. Ce système de surveillance informatique est déjà fort avancé grâce à l'intelligence artificielle, à la téléphonie mobile et aux dispositifs de caméras et de reconnaissance faciale en nombre toujours croissant dans nos villes. Tout cela s'inscrit dans le cadre de la quatrième révolution industrielle, annoncée en 2017 par le Forum économique mondial

(FEM), le syndicat du grand capitalisme, mieux connu comme «forum de Davos». Un article sur son site nous explique de quoi sera fait notre avenir : «Lors de la Première révolution industrielle, l'eau et la vapeur ont permis de mécaniser la production. La Seconde révolution industrielle a exploité l'énergie électrique pour créer la production de masse. La Troisième révolution industrielle s'est appuyée sur l'électronique et les technologies de l'information pour automatiser la production. La Quatrième révolution industrielle en est issue : c'est la révolution numérique, née au milieu du siècle dernier. Elle se caractérise par une fusion des technologies qui gomme les frontières entre les sphères physique, numérique et biologique. [...] Dans le même temps, les technologies de fabrication numérique interagissent quotidiennement avec le monde biologique. Les ingénieurs, les créateurs et les architectes associent conception informatique, production additive, ingénierie des matériaux et biologie synthétique afin de créer une symbiose entre les micro-organismes, notre corps, les produits que nous consommons et même les bâtiments dans lesquels nous vivons. [...] La Quatrième révolution industrielle ne modifiera pas seulement ce que nous faisons, mais aussi ce que nous sommes. Elle affectera notre identité et toutes les questions qui y sont associées : notre sentiment d'intimité, notre notion de la propriété, nos modes de consommation, le temps consacré au travail et aux loisirs, la façon dont nous développons notre carrière et nos compétences, dont nous faisons des rencontres et nous entretenons des relations. Elle modifie déjà notre santé et entraîne une notion du soi "quantifiée" et elle pourrait nous mener plus vite que nous ne le croyons à un être humain augmenté. L'infinie liste des possibles n'est limitée que par notre imagination.»[8]

---

8. «La Quatrième révolution industrielle : ce qu'elle implique et comment y faire face», World Economic Forum, 25 octobre 2017 : https://fr.weforum.org/agenda/2017/10/la-quatrieme-revolution-industrielle-ce-qu-elle-implique-et-comment-y-faire-face/

En 2020, le président du Forum économique mondial, Klaus Schwab, se félicitait de la «crise sanitaire» du coronavirus en tant qu'accélérateur de cette quatrième révolution industrielle transhumaniste, permettant la Grande Réinitialisation de l'espèce humaine – *Great Reset* – comme s'il s'agissait d'un ordinateur à relancer. De fait, la cybernétique et l'informatique ne cessent de progresser et d'encadrer nos vies toujours plus étroitement. La technologie RFID (Radio Frequency IDentification) et les implants corporels de composants électroniques émetteurs de signaux assureront à terme notre géolocalisation permanente. Cette sorte de tatouage numérique, plus qu'indélébile, puisqu'enfoui dans nos chairs sous forme de puces miniaturisées allant jusqu'au nanomètre, contiendra en outre les informations biographiques et biométriques suffisantes pour autoriser le profilage à distance de son porteur et permettre ainsi d'anticiper sur tout comportement évalué comme potentiellement à risque de sa part. Un pas sera bientôt franchi avec la généralisation des interfaces corps-machine ou cerveau-machine sur lesquelles travaillent de nombreux laboratoires à travers le monde. Le CNRS commentait ainsi les possibilités offertes par le graphène : «Ces résultats confirment les qualités exceptionnelles du graphène comme interface entre le monde de l'électronique et le monde du vivant. Cette méthode d'enrobage peut s'appliquer à de nombreux objets, bidimensionnels ou tridimensionnels, et pourrait contribuer à diminuer de manière significative le rejet des sondes neuronales ou d'autres implants utilisés dans de nombreux domaines médicaux.»[9]

---

9. «Une couverture de graphène pour réduire l'inflammation causée par les implants neuronaux», CNRS, 29 octobre 2019 : https://inp.cnrs.fr/fr/cnrsinfo/une-couverture-de-graphene-pour-reduire-linflammation-causee-par-les-implants-neuronaux?fbclid=IwAR3DALgyN29EjP-inwdTohqiapls7_anC8JXDIiOk1xnMPYt0oNzBEkPH9A

Comment convaincre les humains de se faire injecter dans le corps du graphène ou des matériaux apparentés comme l'oxyde de graphène ? Condition *sine qua non* pour commencer à élaborer un vaste système de sujets directement connectés au cyberespace. En 2021, la Fondation pour la Recherche en Chimie résumait ainsi l'état de la recherche : «Des chercheurs du CNRS et de l'Université de Strasbourg ont réalisé une analyse critique des stratégies les plus prometteuses basées sur l'utilisation de matériaux apparentés au graphène rapportées dans la littérature pour lutter contre les pandémies virales comme la Covid-19. Cette perspective a été publiée dans la revue *Advanced Materials*. »[10]

Cette dictature informatique en cours d'élaboration permettra de satisfaire le fantasme d'ubiquité sécuritaire du pouvoir politique, dont les ambitions se limitent aujourd'hui à une recherche effrénée et paranoïaque du risque zéro. L'intégration mondialiste, comme projet politique imposé par certaines élites aux populations, n'est ainsi rien d'autre que la mise en place d'un vaste système de prévisibilité des comportements de ces populations, autrement dit un système de contrôle total des contre-pouvoirs. Il y a, en effet, équivalence entre imprévisibilité et pouvoir, ainsi que le notent Michel Crozier et Erhard Friedberg dans un ouvrage fondateur de la sociologie des organisations : « [...] le seul moyen que j'ai pour éviter que l'autre me traite comme un moyen, comme une simple chose, c'est de rendre mon comportement imprévisible, c'est à dire d'exercer du pouvoir. [...] Dans le cadre de la relation de pouvoir la plus simple, telle que nous avons pu la découvrir sous-jacente à toute situation d'organisation, nous avons montré que la négociation pouvait être reconstruite

---

10. «Combattre la Covid-19 et les futures pandémies avec le graphène», Fondation pour la Recherche en Chimie : https://icfrc.fr/combattre-la-covid-19-et-les-futures-pandemies-avec-le-graphene/

en logique à partir d'un raisonnement sur la prévisibilité. Chacun cherche à enfermer l'autre dans un raisonnement prévisible, tout en gardant la liberté de son propre comportement. Celui qui gagne, celui qui peut manipuler l'autre, donc orienter la relation à son avantage, est celui qui dispose d'une plus grande marge de manœuvre. Tout se passe donc comme s'il y avait équivalence entre prévisibilité et infériorité. »[11]

Ces enjeux de pouvoir politique s'inscrivent dans une lutte des classes sociales. Le milliardaire américain Warren Buffett confiait, en 2006, au *New York Times* : « Il y a une guerre de classes, c'est sûr, mais c'est ma classe, la classe des riches, qui fait la guerre et nous sommes en train de gagner. »[12] En 2009, Warren Buffet se réunissait avec quelques amis très riches pour parler du contrôle démographique des pauvres. L'édition britannique du *Times* rapportait ainsi la tenue de cette rencontre passée à la postérité sous le nom de *Good Club* : « Certains des principaux milliardaires américains se sont réunis en secret pour réfléchir à la manière dont leur richesse pourrait être utilisée pour ralentir la croissance de la population mondiale et accélérer les améliorations en matière de santé et d'éducation. Les philanthropes qui ont participé à un sommet organisé à l'initiative de Bill Gates, le cofondateur de Microsoft, ont discuté de la possibilité d'unir leurs forces pour surmonter les obstacles politiques et religieux au changement. Décrit comme le "bon club" par un initié, il comprenait David Rockefeller Jr, le patriarche de la dynastie la plus riche d'Amérique, Warren Buffett et George Soros, les financiers,

---

11. CROZIER (Michel) et FRIEDBERG (Erhard), *L'Acteur et le Système*, Le Seuil, 1977, p. 105 et 171.
12. "In Class Warfare, Guess Which Class Is Winning", *New York Times*, 26 novembre 2006 : http://www.nytimes.com/2006/11/26/business/yourmoney/26every.html

Gouverner par le chaos

Michael Bloomberg, le maire de New York, et les magnats des médias Ted Turner et Oprah Winfrey. »[13]

Détaillons maintenant ces outils dont le pouvoir s'est doté pour s'assurer une supériorité définitive sur les populations en s'assurant la prévisibilité totale de leurs comportements, et le contrôle de leur démographie.

Qu'est-ce que l'ingénierie sociale ?

La culture de l'inégalité ne concerne pas que le domaine économique. Elle touche aussi à la configuration du champ perceptif. En effet, le fondement des théories de la surveillance, tel que résumé par le principe panoptique de Jeremy Bentham, est la dissociation du couple « voir et être vu ». La politique comme ingénierie sociale consiste alors à bâtir et entretenir un système inégalitaire où les uns voient sans être vus, et où les autres sont vus sans voir. Le but de la manœuvre est de prendre le contrôle du système de perception d'autrui sans être soi-même perçu, puis d'y produire des effets en réécrivant les relations de cause à effet de sorte qu'autrui se trompe quand il essaie de les remonter pour comprendre sa situation présente. Dans son livre sur la campagne présidentielle de Nicolas Sarkozy en 2007, Yasmina Reza nous rapporte ces propos d'un de ses conseillers, Laurent Solly : « [...] la réalité n'a aucune importance. Il n'y a que la perception qui compte. »[14] Ce constructivisme radical, issu de l'école de Palo Alto, et très en vogue dans le milieu des consultants, n'hésite pas à considérer que la perception peut être détachée de tout

---

13. "Billionaire club in bid to curb overpopulation", *The Times*, 24 mai 2009 : https://www.thetimes.co.uk/article/billionaire-club-in-bid-to-curb-overpopulation-d2fl22qhl02
14. Reza (Yasmina), *L'Aube, le soir ou la nuit*, Flammarion, 2007, p. 44.

référent objectif, réel. L'ingénierie des perceptions devient alors une activité quasi démiurgique de construction d'hallucinations collectives, partagées, normalisées et définissant la réalité commune, autrement dit un ensemble stabilisé de relations causales falsifiées. Ainsi que l'avance dans un essai le célèbre pirate informatique Kevin Mitnick, l'ingénierie sociale serait l'art de la supercherie ; plus précisément l'art d'induire autrui en erreur et d'exercer un pouvoir sur lui par le jeu sur les défaillances et les angles morts de son système de perception et de défense. Illusionnisme et prestidigitation appliqués à tout le champ social, de sorte à construire un espace de vie en trompe-l'œil, une réalité truquée dont les règles véritables ont été intentionnellement camouflées.

Ces techniques de manipulation s'appuient sur les sciences de la gestion, nébuleuse de disciplines qui ont commencé à constituer un corpus cohérent à partir des années 1920 et dont la théorie de l'information et la cybernétique résument les grandes lignes idéologiques, selon lesquelles les êtres vivants et les sujets conscients sont des systèmes d'information susceptibles d'être modélisés, contrôlés, voire piratés au même titre que les systèmes d'information non vivants et composés d'objets non conscients. Pour les plus connues, ces disciplines gestionnaires sont le marketing, le management, la robotique, le cognitivisme, la psychologie sociale et comportementale, la programmation neurolinguistique (PNL). Le point commun de ces disciplines réside dans leur rapport à l'incertitude, qu'elles tentent toujours de réduire au minimum, si possible à zéro. Le monde est ainsi perçu uniquement sous l'angle de systèmes d'échange et de traitement de l'information qu'il faut réussir à gérer du mieux possible, c'est-à-dire en réduisant l'incertitude de leur fonctionnement, en les contrôlant le plus précisément possible. En outre, contrairement aux sciences humaines et sociales, ces sciences gestionnaires ne se contentent pas d'observer et de décrire leur objet d'étude, elles interviennent aussi dessus dans le sens d'une ingénierie, donc d'un travail de reconfiguration d'un donné. Quand elle se fait à l'insu du système reconfiguré, la reconfiguration devient un viol furtif de l'intégrité du système et porte le nom de piratage, ou *hacking*. Et quand il s'applique à l'humain, cet interventionnisme reconfigurateur pirate se donne généralement pour but de reconfigurer le donné humain dans le sens d'une réduction de l'incertitude liée au comportement de ce donné humain, individuel ou groupal.

La politique en tant qu'ingénierie sociale, gestion des masses humaines, réduction de l'incertitude du comportement des populations, s'appuie donc tout d'abord sur une phase descriptive, constituée de travaux de modélisation de ces comportements populaires afin d'en définir les structures générales et les constantes. Ces travaux de modélisation mettent à jour les programmes, routines, conditionnements psychiques et algorithmes comportementaux auxquels obéissent les groupes humains. L'informatique est l'outil idéal, par exemple dans le calcul complexe (probabiliste et stochastique) des mouvements de foule, qui sert à la gestion des risques dans les instances professionnelles d'hygiène et de sécurité (évacuation des bâtiments), mais aussi à la police et l'armée pour encadrer et prévenir toute manifestation qui risquerait de déstabiliser le pouvoir. De plus, le travail d'espionnage d'une population, dans l'optique de modéliser ce qu'elle pense et ainsi désamorcer les nouvelles tendances critiques, requiert un travail de surveillance, de renseignement, de collecte d'informations et de fichage considérablement facilité par les développements de l'informatique ubiquitaire ou ambiante et diffuse dans l'environnement, telle que théorisée par Mark Weiser, ainsi que par les « systèmes experts » de croisement des bases de données électroniques locales, publiques et privées (interception des communications, paiements par cartes, etc.). Le recoupement de ces informations glanées sur les réseaux numériques permettant de calculer par profilage une estimation du taux de dangerosité qu'une population (ou un individu) représente pour le pouvoir, on comprend dès lors que l'informatisation de la société, pour y faire basculer le maximum d'éléments de la vie des populations, soit une priorité des politiques contemporaines.

Des chercheurs comme Vance Packard ou Éric Sadin ont été pionniers dans la description de ces nouvelles formes de pouvoir à vocation non plus punitive, mais anticipatrice et dont l'emprise est strictement coextensive à celle de la sphère technologique. Aujourd'hui, l'opinion publique internationale semble animée d'un mouvement de rébellion. La politique « zéro Covid » en Chine a provoqué tellement de troubles sociaux que le gouvernement chinois s'est résolu en décembre 2022 à abandonner ses « mesures sanitaires » coercitives, mais aussi la méthode de trucage institutionnel des chiffres appliquée au niveau international depuis des années. En France, le ministre Olivier Véran répondait ainsi le 4 novembre 2020 en commission de l'Assemblée nationale à une question du député Jean-Pierre Door sur l'intégration dans les statistiques officielles de la Covid-19 de cas non avérés : « En EPHAD, s'il y avait un cas Covid dans l'EPHAD, et donc qu'il y avait une épidémie identifiée dans l'EPHAD, et qu'un décès était suspecté Covid, on l'identifiait et on le reconnaissait comme Covid, on ne faisait pas de test PCR post-mortem, si c'est votre question. »[15] On constate ici encore la fonction démiurgique de la parole, capable de

---

15. « Réponse du ministre de la Santé à ma question relative au diagnostic #COVID19 posé au décès de certaines personnes très âgées qui ne l'ont jamais contracté. #commissiondenquete », Jean-Pierre Door, Twitter, 5 novembre 2020.
https://twitter.com/doorjean/status/1324294666150445056

créer un monde parallèle de représentations venant se superposer au monde réel des faits, et permettant d'inventer un problème grave entièrement avec des mots, sur la base de cas isolés renommés «épidémie» et de cas seulement suspectés, mais identifiés comme «reconnus». Ce jeu d'écriture autorise ainsi à construire une «crise sanitaire» virtuelle au moyen de simples éléments de langage et sans même passer par un test expérimental de dépistage, donc au mépris de la science la plus élémentaire.[16] Et ceci sans oublier que les tests contribuent également à falsifier la réalité avec leur pourcentage de résultats «faux positifs». Si la Chine a mis fin à ces tours de passe-passe sémantiques pour justifier la dictature sanitaire, son système de surveillance numérique des individus baptisé «crédit social» est cependant toujours actif et donne des idées au monde entier. En effet, l'espionnage de la population n'est pas le propre des régimes autoritaires ou totalitaires. En France, le ministère de l'Éducation nationale se livre depuis des années à une scrutation de ses forums de discussion sur Internet, sous-traitée en 2008 par l'entreprise spécialisée en stratégies d'opinion I&E (devenue Burson Cohn & Wolfe en 2018). L'appel d'offres pour 2009 comportait les missions suivantes : «Identifier les thèmes stratégiques (pérennes, prévisibles ou émergents). Identifier et analyser les sources stratégiques ou structurant l'opinion. Repérer les leaders d'opinion, les lanceurs d'alerte et analyser leur potentiel d'influence et leur capacité à se constituer en réseau. Décrypter les sources des débats et leurs modes de propagation. Repérer les informations

---

16. «Impact, gestion et conséquences de l'épidémie du Covid 19 : M. Olivier Véran, ministre des Solidarités et de la Santé. Portail vidéo de l'Assemblée nationale, Commissions/mercredi 4 novembre 2020.»
https://videos.assemblee-nationale.fr/video.9812370_5fa2c74e08d55.impact-gestion-et-consequences-de-lepidemie-du-covid-19--m-olivier-veran-ministre-des-solidarit-4-novembre-2020

signifiantes (en particulier les signaux faibles). Suivre les informations signifiantes dans le temps. Relever des indicateurs quantitatifs (volume des contributions, nombre de commentaires, audience, etc.). Rapprocher ces informations et les interpréter. Anticiper et évaluer les risques de contagion et de crise. Alerter et préconiser en conséquence. Les informations signifiantes pertinentes sont celles qui préfigurent un débat, un "risque opinion" potentiel, une crise ou tout temps fort à venir dans lesquels les ministères se trouveraient impliqués. [...] La veille sur Internet portera sur les sources stratégiques en ligne : sites "commentateurs" de l'actualité, revendicatifs, informatifs, participatifs, politiques, etc. Elle portera ainsi sur les médias en ligne, les sites de syndicats, de partis politiques, les portails thématiques ou régionaux, les sites militants d'associations, de mouvements revendicatifs ou alternatifs, de leaders d'opinion. La veille portera également sur les moteurs généralistes, les forums grand public et spécialisés, les blogs, les pages personnelles, les réseaux sociaux, ainsi que sur les appels et pétitions en ligne, et sur les autres formats de diffusion (vidéos, etc.). Les sources d'informations formelles que sont la presse écrite, les dépêches d'agences de presse, la presse professionnelle spécialisée, les débats des assemblées, les rapports publics, les baromètres, études et sondages seront également surveillés et traités. Les interactions entre des sources de nature différente, les passages de relais d'un média à l'autre seront soigneusement analysés. [...] Clé de voûte du dispositif de veille, le passage en "mode alerte" visera à transmettre systématiquement les informations stratégiques ou les signaux faibles susceptibles de monter de manière inhabituellement accélérée. »[17]

---

17. Ministère de l'Éducation nationale, délégation à la communication, Cahier des clauses particulières, CCP n° 2008/57 du 15 octobre 2008 : http://www.fabula.org/actualites/documents/26772.pdf

Les ministères de la Santé, de la Justice et de l'Intérieur ont également ment recours aux services d'entreprises offrant les mêmes prestations. Parvenu à un stade de modélisation de la population considéré comme suffisant, on peut alors passer à la deuxième phase, le travail d'ingénierie proprement dit, s'appuyant sur ces modèles découverts pour les reconfigurer dans le sens d'une standardisation accrue, et donc d'une meilleure prévisibilité des comportements. L'ingénierie politico-sociale consiste ni plus ni moins que dans un travail de programmation et de conditionnement des comportements, ou plutôt de reprogrammation et de reconditionnement, puisque l'on ne part jamais d'une *tabula rasa*, mais toujours d'une culture déjà donnée du groupe en question, avec ses propres routines et conditionnements. Les sociétés humaines, en tant que systèmes d'information, peuvent ainsi être reconfigurées dans le sens d'une harmonisation, homogénéisation, standardisation des normes et des procédures, afin de conférer à celles et ceux qui les pilotent une meilleure vue d'ensemble et un meilleur contrôle, l'idéal étant de parvenir à fusionner la multitude des groupes humains hétérogènes dans un seul groupe global, un seul système d'information. Une administration centralisée et une gestion sécurisée : les architectes de la mondialisation ne poursuivent pas d'autres buts.

Stratégie du choc

L'ingénierie sociale comme travail de reconfiguration d'un donné humain procède toujours en infligeant des chocs méthodiques. En effet, reconfigurer un système pour le rendre plus sûr et prédictible exige au préalable d'effacer son mode de configuration actuel. La réinitialisation d'un groupe humain requiert donc de provoquer son amnésie par un traumatisme fondateur, ouvrant une fenêtre d'action sur la mémoire du groupe et permettant à un intervenant extérieur de travailler dessus pour la reformater, la réécrire, la recomposer. L'expression de «stratégie du choc» (*Shock Doctrine*) pour désigner cette méthode de piratage social a été popularisée par Naomi Klein dans son livre de 2007 et dans son film éponyme de 2009 sur le «capitalisme du désastre». L'auteur y met en évidence l'homologie des modes opératoires du capitalisme libéral et de la torture scientifique telle que théorisée dans les manuels de la CIA – à grand renfort de références psychiatriques sur les thérapies par le trauma –, à savoir la production intentionnelle de chocs régressifs, sous la forme de crises économiques planifiées et/ou de traumatismes émotionnels méthodiques, afin d'anéantir les structures données jusqu'à une table rase permettant d'en implanter de nouvelles.

Les crises provoquées, ou au minimum instrumentalisées, qu'elles soient sanitaires ou économiques, font partie de l'arsenal de ces grandes manœuvres de refondation par la destruction, qui visent le plus souvent à centraliser davantage un système pour en simplifier le pilotage. «Les banques américaines et européennes n'ont pas été des victimes de la crise financière qui a éclaté aux États-Unis en 2008, mais sont coupables de l'avoir délibérément provoquée», estimait en mai 2009 le Center for Public Integrity, une organisation américaine de journalisme d'investigation.[18] De son côté, l'économiste F. William Engdahl décrit ainsi sur son blog les tenants et aboutissants d'un phénomène programmé : «Utiliser la panique pour centraliser le pouvoir. Comme je l'expose dans mon prochain livre, *Power of Money : The Rise and Decline of the American Century* ("Le pouvoir

---

18. « Des banques coupables d'avoir provoqué la crise financière », *La Presse*, 7 mai 2009 : https://www.lapresse.ca/affaires/economie/services-financiers/200905/06/01-853948-les-banques-coupables-de-la-crise-selon-une-etude.php

de l'argent : essor et déclin du siècle états-unien"), dans toutes les grandes paniques financières aux États-Unis depuis au moins celle de 1835, les titans de Wall Street, surtout la maison JP Morgan avant 1929, ont délibérément déclenché la panique bancaire en coulisses pour consolider leur emprise sur le système bancaire états-unien. Les banques privées ont utilisé cette panique pour contrôler la politique de Washington, notamment la définition exacte de la propriété privée de la nouvelle Réserve fédérale en 1913, et pour consolider leur contrôle sur les groupes industriels comme US Steel, Caterpillar, Westinghouse, etc. En bref, ce sont des habitués de ce genre de guerre financière, qui augmentent leur pouvoir. Ils doivent maintenant faire quelque chose de semblable à l'échelle mondiale afin de pouvoir continuer à dominer la finance mondiale, le cœur de la puissance du siècle états-unien. »[19]

On connaît l'histoire du développeur informatique qui diffusait lui-même des virus pour, ensuite, vendre les antivirus aux propriétaires d'ordinateurs infectés. Dans le champ économique, on parlera aussi de dérégulation ou de libéralisation pour évoquer par euphémisme ces déstructurations intentionnelles. Naomi Klein en donne de multiples exemples, appuyés par des réflexions théoriques de Milton Friedman, dont sa fameuse sentence de 1982, «Seule une crise – réelle ou supposée – peut produire des changements», qui toutes convergent dans le dessein de détruire les économies nationales, locales ou d'échelle encore inférieure, en les dérégulant et libéralisant, pour les reréguler en les plaçant sous tutelle d'entreprises multinationales privées ou d'organisations transnationales telles que le Fonds Monétaire International (FMI). Il s'agit chaque

19. ENGDAHL (F. William), "Behind the Panic: Financial Warfare over Global Bank Power", 10 octobre 2008 : http://www.engdahl.oilgeopolitics.net/Financial_Tsunami/ Warfare_Behind_Panic/warfare_behind_panic.html

fois de faire perdre à une entité sa souveraineté, son *self-control*, pour la mettre sous un contrôle extérieur. L'obstacle majeur à ce processus colonial est le niveau de santé de l'entité, synonyme en politique de son niveau d'autonomie et de souveraineté, qui résiste naturellement à cette tentative de reconfiguration par une prise de contrôle étrangère, cette «OPA hostile» ressentie comme une aliénation et une transgression de son intégrité. La violence des chocs infligés sera à la mesure du niveau de santé et de souveraineté de l'entité, de son niveau de résistance.

En outre, dans un cadre d'ingénierie sociale, il n'est pas nécessaire que les chocs infligés soient toujours réels; ils peuvent se dramatiser uniquement dans le champ des perceptions. Les chocs méthodiques peuvent donc relever du canular et de l'illusion purs, ou encore entremêler réel et illusion, comme le note Alain Minc dans *Dix jours qui ébranleront le monde* : «Seul un événement traumatique nous réveillera, tant l'effet du 11 septembre 2001 s'est évanoui. Ce peut être une fausse alerte à Londres, l'apparition d'un cybervirus susceptible de bloquer les réseaux informatiques mondiaux, ou pire le geste d'un psychopathe s'estimant lui-même à l'aune du nombre de ses victimes. Les démocraties n'anticipent jamais mais elles réagissent. L'opinion interdit en effet les mesures préventives qui bousculeraient la vie quotidienne mais elle accepte les décisions qui suivent un événement traumatique. Rien ne serait mieux, pour nous mettre en alerte, qu'un gigantesque canular, dès lors qu'il aura suscité une panique : un faux chantage nucléaire serait donc de bonne pédagogie. »[20]

---

20. MINC (Alain), *Dix jours qui ébranleront le monde*, Grasset, 2009, p. 122.

Conduite du changement

La résistance au changement, tel est le problème principal à surmonter en ingénierie sociale. La question qui se pose toujours au praticien est : «Comment provoquer le moins de résistance à mon travail de reconfiguration, comment faire en sorte que les chocs infligés ne provoquent pas une réaction de rejet?» Donc comment faire accepter le changement, et si possible comment le faire désirer, comment faire adhérer aux chocs et au reformatage qui s'ensuit? Comment faire aimer l'instabilité, le mouvement, la précarité, le «bougisme»? Bref, comment inoculer le syndrome de Stockholm à des populations entières? Un prélude consiste à préparer les esprits en faisant la promotion dans l'espace public de mots-clés tels que nomadisme, dématérialisation, déterritorialisation, mobilité, flexibilité, rupture, réformes, etc. Mais, ce n'est nullement suffisant. Dans tous les cas, l'attaque directe, dont la visibilité provoque un cabrage réactif contre-productif, doit être abandonnée au profit d'une tactique indirecte, dite de contournement dans le vocabulaire militaire (Sun Tzu, Liddell Hart).

En termes de management et de sociologie des organisations, cette stratégie du choc indirect est appelée «conduite du changement», ou «changement dirigé». Le numéro 645 de l'hebdomadaire *Charlie Hebdo* nous rapporte ces propos de Renaud Dutreil, à l'époque ministre de la Fonction publique, tenus le 20 octobre 2004 dans le cadre d'un déjeuner-débat de la Fondation Concorde sur le thème «Comment insuffler le changement?» : «Comme tous les hommes politiques de droite, j'étais impressionné par l'adversaire. Mais je pense que nous surestimions considérablement cette force de résistance. Ce qui compte en France, c'est la psychologie, débloquer tous ces verrous psychologiques. [...] Le problème que nous avons en France, c'est que les gens sont contents des services publics. L'hôpital fonctionne bien, l'école fonctionne bien, la police fonctionne bien. Alors il faut tenir un discours, expliquer que nous sommes à deux doigts d'une crise majeure, c'est ce que fait très bien Michel Camdessus, mais sans paniquer les gens, car à ce moment-là, ils se recroquevillent comme des tortues. »[21]

La méthode illustrée par ces propos résume à elle seule l'esprit de l'ingénierie sociale – faire changer un groupe alors qu'il n'en éprouve pas le besoin puisque, globalement, ça marche pour lui – et la méthode proprement dite : le dysfonctionnement intentionnel de ce qui marche bien, mais que l'on ne contrôle pas pour le remplacer par quelque chose que l'on contrôle ; en l'occurrence, la destruction de services publics qui marchent bien, mais qui échappent à la spéculation et au marché pour les remplacer par des services privatisés et sur fonds spéculatifs. Il faut admettre le succès de ce plan annoncé en 2004 : des services publics français qui marchaient bien à l'époque sont à l'agonie en 2023. Depuis le mandat présidentiel de Nicolas Sarkozy, confirmé par ceux de François Hollande et Emmanuel Macron, la France est l'objet d'une destruction totale, méthodique et méticuleuse, tant de ses structures sociales et économiques, que politiques et culturelles, destruction accompagnée d'un gros travail de fabrique du consentement de sa population à une dégradation sans précédent de ses conditions de vie afin de les aligner sur celles de la mondialisation libérale. Par le passé, une destruction d'une telle ampleur, à l'échelle d'une nation, nécessitait un coup d'État ou une invasion militaire. Ses responsables étaient accusés des crimes de haute trahison et d'intelligence avec l'ennemi. (Ce que l'exécutif semble effectivement craindre, une révision de février 2007 du

---

21. VEIL (Emmanuelle), « Réforme de l'État : Renaud Dutreil se lâche », *Charlie Hebdo*, 27 octobre 2004 : http://filinfo.joueb.com/news/reforme-de-l-etat-renaud-dutreil-se-lache

statut pénal du chef de l'État ayant abandonné l'expression de haute trahison pour celle de manquements à ses devoirs manifestement incompatibles avec l'exercice de son mandat.) De nos jours, une conduite du changement bien menée réalise la même chose qu'un putsch ou qu'une guerre, mais sans coup férir, par petites touches progressives et graduelles, en segmentant et individualisant la population impactée, de sorte que la perception d'ensemble du projet soit brouillée et que la réaction soit rendue plus difficile. Ainsi, Denis Kessler, ancien vice-président du Mouvement des entreprises de France (MEDEF), écrivait dans le magazine *Challenges* en octobre 2007 : «Le modèle social français est le pur produit du Conseil national de la Résistance. Un compromis entre gaullistes et communistes. Il est grand temps de le réformer, et le gouvernement s'y emploie. Les annonces successives des différentes réformes par le gouvernement peuvent donner une impression de patchwork, tant elles paraissent variées, d'importance inégale, et de portées diverses : statut de la fonction publique, régimes spéciaux de retraite, refonte de la Sécurité sociale, paritarisme... À y regarder de plus près, on constate qu'il y a une profonde unité à ce programme ambitieux. La liste des réformes ? C'est simple, prenez tout ce qui a été mis en place entre 1944 et 1952, sans exception. Elle est là. Il s'agit aujourd'hui de sortir de 1945, et de défaire méthodiquement le programme du Conseil national de la Résistance !»[22]

D'autres appellations peuvent encore qualifier cette méthode : stratégie de tension, pompier pyromane, ordre à partir du chaos, destruction créatrice, «dissoudre et coaguler», ou encore la trilogie problème-réaction-solution. Kurt Lewin et Thomas Moriarty, deux

---

22. KESSLER (Denis), «Adieu 1945, raccrochons notre pays au monde !», *Challenges*, 4 octobre 2007 : https://www.challenges.fr/magazine/adieu-1945-raccrochons-notre-pays-au-monde-l-editorialiste_338714

fondateurs de la psychologie sociale, ont théorisé cette méthode en trois temps dans l'articulation entre ce qu'ils ont appelé «effet de gel» et «fluidification». L'effet de gel qualifie la tendance spontanée de l'être humain à ne pas changer ses habitudes et ses structures internes de fonctionnement, à entretenir son «*habitus*», tendance qui se trouve au fondement de toute culture et de toute tradition comme ensemble d'habitudes ordonnées, propres à un groupe et transmises à l'identique entre générations. La fluidification désigne l'action extérieure au groupe consistant à jeter le trouble dans sa culture et ses traditions, créer des tensions dans le but de déstructurer ses habitudes de fonctionnement et de disloquer ce groupe à plus ou moins brève échéance. Affaibli et vulnérable, ses défenses immunitaires entamées et son niveau de souveraineté abaissé, le groupe peut alors être reconstruit sur la base de nouvelles normes importées, qui implantent un type de régulation exogène permettant d'en prendre le contrôle de l'extérieur.

La célèbre phrase de Jean Monnet, l'un des pères fondateurs de l'Union européenne, «Les hommes n'acceptent le changement que dans la nécessité et ils ne voient la nécessité que dans la crise», pourrait servir de maxime à tous les ingénieurs sociaux. Une conduite du changement bien menée consiste ainsi en trois étapes : fluidifier les structures «gelées» du groupe par l'injection de facteurs de troubles et d'éléments perturbateurs aboutissant à une crise – c'est l'étape 1 de la création du problème, la destruction intentionnelle ou «démolition contrôlée»; cette déstabilisation provoque inévitablement une réaction de désarroi dans le groupe – c'est l'étape 2, dont la difficulté consiste à doser avec précaution les troubles provoqués, une panique totale risquant de faire échapper le système au contrôle de l'expérimentateur; enfin, l'étape 3, on apporte une solution de restabilisation au groupe, solution hétéronome que le groupe accueillera avec enthousiasme pour calmer son angoisse, sans se rendre compte que, ce faisant, il s'est livré à une ingérence extérieure.

Social learning

La conduite du changement comme technique de prise de contrôle d'un groupe se marie tout naturellement avec le *social learning*, expression anglaise que l'on pourrait traduire par la rééducation de masse, et des masses. Afin d'expliquer en quoi consiste cette approche, nous commencerons par une citation longue, mais parfaitement explicite d'Éric Denécé, le fondateur du Centre Français de Recherche sur le Renseignement (CF2R) : «Le *Social Learning* utilise les effets combinés de la culture, de la connaissance et de la psychologie pour amener une population ciblée à raisonner selon un certain schéma de pensée initié par l'influenceur, dans des buts politiques, économiques ou socioculturels. Le *Social Learning* est donc un formatage social à des fins d'influence. Son objectif est la conquête des "territoires mentaux". Par le biais du *Social Learning*, les acteurs économiques cherchent à prendre le contrôle d'un marché, en amont, en façonnant ses goûts et ses besoins – voire en les conditionnant – et enfin en lui imposant ses produits, qui paraissent alors répondre naturellement à ses attentes. Il s'agit d'adapter, parfois longtemps à l'avance, le client à son offre, de détruire celle de la concurrence, mais aussi de substituer l'influence politique et culturelle de son État à celle de nations rivales. À l'ère de l'information, la diplomatie de la canonnière se voit ainsi remplacée par l'influence intellectuelle. [...] Ce qu'il vise, ce sont les centres de décision ou de référence d'une nation – administratifs, politiques, économiques, culturels, sportifs, musicaux, etc. – ayant un pouvoir de décision, d'influence, d'entraînement sur le reste de la communauté. Cette manœuvre oriente alors en toute légitimité les publics visés vers l'offre se dissimulant derrière ce processus de formation apparemment anodin. Il s'agit d'une conquête des cœurs et des esprits très en amont des débouchés commerciaux. [...] Les origines du *Social Learning*. Avant même la fin de la Seconde Guerre mondiale, alors que la victoire des Alliés était acquise, les Anglais et les Américains s'interrogèrent sur la meilleure manière d'éviter qu'un nouveau conflit n'éclate avec l'Allemagne. La solution retenue fut de créer une connivence de valeurs entre les trois pays. Des liens furent alors tissés avec les futures élites allemandes, afin d'établir un échange d'idées. Ainsi, à Wilton Park, manoir des environs de Londres, les Anglo-Américains organisèrent dès 1944 des réunions qui eurent pour but d'éduquer les élites allemandes qui allaient succéder à Hitler à une vision du monde anglo-saxonne fondée sur la démocratie et le libéralisme économique. Cette démarche avait pour objectif de les extraire de leur "germanité" et d'en faire des êtres "civilisés", selon les normes anglo-américaines. Une telle initiative fut renforcée par le plan Marshall (1947), puis par l'importante présence américaine dans le cadre de l'OTAN. Elle a abouti à l'arrimage durable de l'Allemagne fédérale à l'Europe de l'Ouest et à l'atlantisme. »[23]

Le *social learning* se consacre ainsi à la modification intentionnelle du mode de vie, des mœurs, us et coutumes d'un groupe humain donné, à son insu et en laissant croire qu'il s'agit d'une évolution naturelle. Par exemple, l'exode rural et la concentration des populations dans les villes, phénomènes typiques de la mondialisation, toujours présentés comme des fatalités historiques, répondent en réalité à deux objectifs : l'un économique, couper les groupes

---

23. FRANÇOIS (Ludovic), DENECE (Éric), HARBULOT (Christian), *Business sous influence*, Éditions d'Organisation, 2004, p. 64-65.

humains de leur autonomie alimentaire pour les rendre totalement dépendants des fournisseurs industriels et des semenciers d'organismes génétiquement modifiés (Monsanto, Limagrain); l'autre, politique, faciliter la surveillance, plus aisée en milieu urbain qu'à la campagne. Cette convergence d'intérêts et de méthodes du marché et de la politique a commencé d'être élaborée et concertée à partir des années 1920, comme l'analyse Stuart Ewen, historien de la publicité. En s'appuyant sur d'abondantes citations de leurs écrits et déclarations dans la presse, Ewen montre comment des industriels et des chercheurs américains en sciences sociales réfléchirent ensemble, au sortir de la Première Guerre mondiale, aux moyens de créer un nouveau type de société et un nouveau type d'individu exclusivement orientés sur la production et la consommation. Il résume ainsi leurs réflexions : « Créer une culture nationale et lui donner une cohérence grâce au lien social de la consommation, voilà un projet qui relève fondamentalement de la "planification sociale". [...] Les structures familiales traditionnelles, les styles de vie ruraux, les codes éthiques des immigrés avaient largement façonné les attitudes des classes laborieuses en Amérique. [...] La subjectivité de la culture traditionnelle gênait la marche du machinisme vers la synthèse à venir, promise par l'ordre nouveau de la culture industrielle. Il appartenait à l'industrie de donner forme à ce nouvel ordre en s'arrangeant pour liquider l'ancien. »[24]

Le *social learning* désigne ainsi un changement dirigé s'appuyant sur la « fabrication du consentement » au changement. Il s'agit d'une stratégie indirecte de pression comportementale visant à désamorcer en amont toute résistance au changement et aux troubles qu'il provoque par le camouflage de toute intention stratégique

---

24. EWEN (Stuart), *Consciences sous influence – Publicité et genèse de la société de consommation*, Culture&Racines, 2022, p. 98, 102.

contre laquelle résister, de sorte que le pilotage conscient du groupe reste inconscient à ce dernier, imperceptible et attribué à une évolution naturelle des sociétés dont personne n'est responsable. « *There is no alternative!* », comme le martelait Margaret Thatcher. Dissimuler toute trace de volonté dans le processus de changement est primordial pour faire accepter les chocs en provoquant le moins de réactions possible, hormis peut-être de la nostalgie et des propos dépités sur la décadence et la nature humaine qui serait mauvaise. Fatalisme, résignation, soumission et passivité sont escomptés. Il est impératif que le sujet piloté soit le moins conscient possible de l'existence du pilotage et du pilote, de sorte qu'il ne puisse même pas lui venir l'idée de s'immiscer dans le mécanisme pour y jouer un rôle actif. À cette fin, il paraît nécessaire de rendre impossible au sujet piloté d'accéder à une vision d'ensemble du système dans lequel il se trouve, une vision globale de surplomb, générale et systémique, qui lui permettrait de remonter aux causes premières de la situation. Cette opération de brouillage, qui n'est rien d'autre qu'un piratage du système de perception et d'analyse du sujet, consistera à spécialiser ses capacités de raisonnement et à les fragmenter sur des tâches particulières, de sorte à orienter leur focalisation dans un sens qui reste inoffensif pour le pouvoir.

Fabrication du consentement

Le piratage d'un sujet aux fins d'obtenir son consentement peut aussi s'appuyer sur une régression mentale provoquée. Cette technique suppose, dans un premier temps, de ne s'adresser qu'aux émotions et à l'affectivité. Noam Chomsky et Edward Herman ont rendu célèbre l'expression de fabrication du consentement (ou encore, fabrique de l'opinion), mais c'est Edward Bernays (1891-1995) qui l'a inventée. Neveu de Freud, grand lecteur de Gustave Le Bon et de sa *Psychologie des foules*, l'homme incarne à lui tout seul les transferts de compétences entre marketing et politique, et l'effacement de la limite entre les deux. C'est sous son impulsion que la politique a commencé de prendre comme modèle l'analyse du *feed-back* des comportements de consommation dans les grandes surfaces, les banques, les assurances, les services personnalisés, ainsi que la mise en œuvre de solutions qui en optimisent la gestion : analyse de marché, segmentation du public, définition d'un cœur de cible, création artificielle de nouveaux besoins, etc. Fondateur de la propagande moderne, qu'il prit soin de rebaptiser «conseil en relations publiques» pour en améliorer l'image, Bernays a non seulement inventé diverses techniques publicitaires, mais il a encore orchestré des campagnes de déstabilisation de gouvernements latino-américains pour la CIA. Ce qui distingue les régimes démocratiques des dictatures n'est alors plus qu'une simple question de méthode, plus subtile en démocratie, car parvenant à façonner l'opinion du peuple sans même qu'il ne s'en rende compte. Comme Bernays le dit lui-même dans son ouvrage princeps de 1928, intitulé *Propaganda*, «la manipulation consciente, intelligente, des opinions et des habitudes organisées des masses joue un rôle important dans une société démocratique. Ceux qui manipulent ce mécanisme social imperceptible forment un gouvernement invisible qui dirige véritablement le pays. [...] Les techniques servant à enrégimenter l'opinion ont été inventées puis développées au fur et à mesure que la civilisation gagnait en complexité et que la nécessité du gouvernement invisible devenait de plus en plus évidente. [...] Et si, selon la formule consacrée, tel candidat à la présidentielle a été "désigné" pour répondre à "une immense attente populaire", nul n'ignore qu'en réalité son nom a été choisi par une dizaine de messieurs réunis en petit comité. »[25]

Comment faire accomplir quelque chose à quelqu'un en lui donnant le sentiment que c'est lui qui a choisi librement de le faire ? Comment réussir à ce que la transgression de l'intégrité mentale des masses populaires reste inaperçue ? Comment faire en sorte que le pilotage des masses présente toutes les apparences de la démocratie et du respect de la souveraineté populaire ? Bref, comment violer quelqu'un sans qu'il ne s'en aperçoive ? Telles sont les questions de *hacking* social que se posent les élites dirigeantes. La journaliste Sylvie Pierre-Brossolette, aujourd'hui à la tête du Haut Conseil à l'égalité entre les femmes et les hommes (HCE), déclarait pourtant le 16 janvier 2008 sur *France Info* à propos de l'Union européenne : « Est-ce qu'il ne faut pas violer des fois les peuples un tout petit peu pour leur bien ? On le fait pour d'autres questions. [L'abolition de] la peine de mort, on l'a votée dans le dos des gens, ils n'en voulaient pas. L'Europe, c'est un peu pareil. » Quelques mois plus tard, dans l'émission *Bibliothèque Médicis* du 27 novembre 2008, Alain Minc tenait des propos semblables sur la chaîne de télévision Public Sénat. Ces appels répétés au « viol des peuples », Serge Tchakhotine en décrivait les formes dès 1939 dans son célèbre ouvrage, *Le Viol des foules par la propagande politique*. Le viol est toujours celui de l'intelligence critique et rationnelle, au bénéfice des émotions et des affects primaires. Tchakhotine distinguait quatre impulsions primaires sur lesquelles surfe la manipulation : l'agressivité, l'intérêt matériel immédiat, l'attirance sexuelle au sens large, la recherche de la sécurité et de la norme. La manipulation la plus efficace sera celle qui instrumentalisera au mieux ces impulsions primaires en en

---

25. BERNAYS (Edward), *Propaganda. Comment manipuler l'opinion en démocratie*, La Découverte, 2007, p. 31, 33 et 50.

promettant la satisfaction la plus pleine et rapide. Ces quatre impulsions peuvent se ramener en définitive à deux affects primordiaux : le sexe et la peur. L'utilisation adroite de ces deux affects, le jeu alternatif sur la carotte et le bâton, la séduction et l'angoisse, permet de mener un groupe par le bout du nez, de piloter son changement avec son consentement, donc de lui rendre imperceptible le viol de sa propre souveraineté mentale et politique.

Le jeu sur ces deux affects peut, à son tour, se résumer à une seule motion psychique, de type fantasmatique et régressif. En effet, les techniques d'influence pour rendre désirable quelque chose, pour rendre « sexy et glamour » n'importe quoi, sont celles de la communication publicitaire. Or toutes les mises en scène de communication, de marketing et de séduction publicitaire ne sont que les déclinaisons à l'infini d'une seule et même motion mentale originelle, qu'en termes psychanalytiques on appellerait la « structure élémentaire du fantasme », à savoir le désir de fusion de soi et d'autrui dans une unité indistincte abolissant la contradiction ou, en d'autres termes, le fantasme de retour dans le ventre maternel. Également dénommé « sentiment océanique », ou quête du « groupe fusionnel », il s'agit du fantasme primordial de régression préœdipienne sur lequel s'étayent tous les autres fantasmes qu'une vie humaine peut connaître. Le champ fantasmatique étant un puissant moteur de l'action, quiconque parvient le mieux à flatter les tendances régressives de l'humain en lui promettant le retour dans l'utérus, emporte généralement l'adhésion du groupe. La culture de l'involution vers des stades archaïques du psychisme, avec en perspective le retour à un stade fœtal, se présente ainsi comme le fil conducteur de toute l'ingénierie psychopolitique mondialisée.

Tittytainment

Les architectes de la mondialisation l'ont parfaitement compris :
pour être vraiment efficace, la fabrique du consentement suppose
l'abolition de toutes les frontières. En effet, c'est le maintien de
frontières, à tous les niveaux de l'existence, qui rend possibles la
comparaison, la contradiction, la possibilité de dire « non » et tout
le jeu de la dialectique politique qui s'ensuit. C'est aussi le maintien
de frontières qui appuie le protectionnisme économique, nécessaire
si l'on souhaite conserver l'autonomie matérielle et l'indépendance
intellectuelle qu'elle permet. À l'opposé, l'ingénierie mondialiste
cherche en visée ultime à élaborer ce fameux « village global » sans
frontières, qui donnerait les moyens d'obtenir le consentement
définitif des populations sur tous les sujets, de sorte à ne pas être
contraint d'y travailler constamment. Avec l'abolition des frontières,
c'est-à-dire du principe même de toute extériorité, s'abolit également
la possibilité de toute comparaison et contradiction fondamentale,
donc de tout contre-pouvoir critique et de toute résistance. Un monde
mondialisé, unipolaire, sans frontières et politiquement unifié sous
un gouvernement centralisé et un système unique de valeurs et de
normes en finirait une bonne fois pour toutes avec la possibilité
même de penser « autrement ». À monde unique, pensée unique. À ce
titre, l'ingénierie du *Great Reset,* comme effacement des frontières
sous une tutelle unique, s'identifie à un processus de régression
préœdipienne et d'infantilisation délibérée des populations.

Du point de vue de la psychogenèse, le giron maternel est
éprouvé par l'enfant comme une continuité de son vécu intra-utérin,
c'est-à-dire comme ce monde unique et englobant, sans extériorité,
sans limites, sans frontières, monde absolu, sans comparaison, ni
relativisation, ni contradiction ; et l'enfance est cet âge de la vie sans

politique, marqué par l'adhésion spontanée aux valeurs dominantes du corps social, l'immersion conformiste et grégaire dans les normes du monde environnant, et surtout l'impuissance à réagir contre une altération de ses conditions de vie. Construire la dépolitisation de l'humanité, construire le « oui » à tout, le consentement global, passe donc par un abaissement provoqué de sa maturité psychique moyenne et son retour dans une espèce de giron maternel étendu au monde entier.

Dans la perspective de bâtir cette docilité générale, Zbigniew Brzezinski, le fameux conseiller des présidents américains qui supervisa la création d'Al-Qaïda en Afghanistan dans les années 1980, a proposé le concept de *Tittytainment*.[26] Deux journalistes allemands nous rapportent la naissance de cette notion à l'occasion de la première rencontre internationale State of the World Forum, tenue en septembre 1995 dans un grand hôtel californien : « L'hôtel Fairmont de San Francisco est un cadre idéal pour les rêves aux dimensions planétaires. [...] L'avenir, les pragmatiques du Fairmont le résument en une fraction et un concept : "deux dixièmes" et "*tittytainment*". Dans le siècle à venir, deux dixièmes de la population active suffiraient à maintenir l'activité de l'économie mondiale. [...] Mais pour le reste ? Peut-on envisager que 80 % des personnes souhaitant travailler se retrouvent sans emploi ? "Il est sûr, dit l'auteur américain Jeremy Rifkin, qui a écrit le livre *La Fin du travail*, que les 80 % restants vont avoir des problèmes considérables." [...] C'est un nouvel ordre social que l'on dessine au Fairmont, un univers de pays riches, sans classe moyenne digne de ce nom – et personne n'y apporte de démenti. L'expression "*tittytainment*", proposée par ce vieux grognard de

---

26. JAUVERT (Vincent) (entretien avec), « Oui, la CIA est entrée en Afghanistan avant les Russes... », *Le Nouvel Observateur*, 15 janvier 1998 : http://hebdo.nouvelobs.com/hebdo/parution/p19980115/articles/a19460-.html

Zbigniew Brzezinski, fait en revanche carrière. Ce natif de Pologne a été quatre années durant conseiller pour la Sécurité nationale auprès du président américain Jimmy Carter. Depuis, il se consacre aux questions géostratégiques. *Tittytainment,* selon Brzezinski est une combinaison des mots *entertainment* et *tits,* le terme d'argot américain pour désigner les seins. Brzezinski pense moins au sexe, en l'occurrence, qu'au lait qui coule de la poitrine d'une mère qui allaite. Un cocktail de divertissement abrutissant et d'alimentation suffisante permettrait selon lui de maintenir de bonne humeur la population frustrée de la planète. [...] On voit émerger la société des deux dixièmes, celle où l'on devra avoir recours au *tittytainment* pour que les exclus restent tranquilles. »[27]

Les partisans de la Grande Réinitialisation en arrivent aux mêmes conclusions : avec l'intelligence artificielle, l'automatisation et la robotisation du travail, 80 % de la population deviendra inutile. Plusieurs pistes sont envisagées pour encadrer et réduire cette masse humaine obsolète. Avec son programme *Project Coast* dirigé par le docteur Wouter Basson, le régime d'apartheid en Afrique du Sud a été pionnier dans le développement d'armes biologiques injectées sous forme de vaccins pour stériliser et supprimer à terme certaines catégories de la population. Le complexe militaro-industriel de nombreux pays, ainsi que l'OMS et divers acteurs comme la fondation Gavi pour les vaccins de Bill Gates se sont naturellement penchés sur ces recherches. Les taux de mortalité et d'effets secondaires graves des vaccins contre la Covid-19 plaident en faveur d'une intention de nuire de la part des fabricants. La biomasse humaine résiduelle ayant échappé à l'hécatombe pourrait être gérée par du contrôle social non autoritaire à base de revenu universel, de *tittytainment* et d'aliénation

---

27. Martin (Hans-Peter) et Schumann (Harald), *Le Piège de la mondialisation,* Actes Sud, 1997, p. 13-20.

numérique dans le cyberespace (métavers) par avatars interposés. Le songe creux et infantilisant dans lequel Brzezinski propose d'enfermer les populations pour mieux les contrôler présente les caractéristiques d'une sorte de réalité virtuelle complètement dépolitisée, un Disneyland global fondé sur la consommation et le Spectacle. La sécurisation totale du pouvoir des élites s'appuie nécessairement sur la déréalisation de l'existence de la plèbe, déréalisation qui consiste en un « réenchantement du monde » forcené (thème de l'université d'été 2005 du MEDEF), dont le but est de parvenir à faire creuser gentiment sa propre tombe à quelqu'un, puis à l'y faire descendre avec le sourire et à se recouvrir de terre dans la joie et la bonne humeur. On reconnaîtra ici la tendance sociologique dite du *cocooning*, jouant le rôle d'un nouvel opium du peuple, bien plus efficace que la religion, car totalement dénué d'effet de sublimation. L'ingénierie sociale se donne ainsi pour objectif de rendre tolérable, et même désirable, une involution civilisationnelle profondément morbide en la parant de tous les traits du rajeunissement perpétuel, donc apparemment de la vitalité et de l'avenir, avec, pour visée ultime, la « fœtalisation » de l'humanité au moyen de son insertion dans un environnement social conçu à l'image d'un immense utérus artificiel, c'est-à-dire dénué de frontières et de contradictions. Le stade intra-utérin et, par extension, tous les stades immatures (nouveau-nés, nourrissons, bébés et jeunes enfants) se caractérisent, certes par leur vitalité organique, mais surtout par leur plasticité mentale aisément malléable ainsi que leur état d'aliénation totale, complètement à la merci d'autrui (la *Hilflosigkeit* freudienne).

Il s'agit donc de reproduire dans l'extra-utérin les conditions d'une existence intra-utérine : fusion avec autrui dans un grand tout homogène et enveloppant, obéissance au mouvement général, jouissance continue et immédiate, complétude, identité unifiée, absence de tensions, de contradictions, de contestations, pure positivité, donc fin de l'Histoire, fin de tout, en un mot, le paradis, le cocon définitif! De nombreux auteurs ont étudié d'un point de vue critique les aspects de cette régression préœdipienne globalisée, à commencer par Gilles Châtelet dans son *Vivre et penser comme des porcs. De l'incitation à l'envie et à l'ennui dans les démocraties-marchés.* Les autres titres ne sont pas moins éloquents, de Jean-Claude Michéa, *L'Enseignement de l'ignorance et ses conditions modernes*, à Dany-Robert Dufour, *L'Art de réduire les têtes. Sur la nouvelle servitude de l'homme libéré à l'ère du capitalisme total,* en passant par Charles Melman et Jean-Pierre Lebrun, *L'Homme sans gravité. Jouir à tout prix*, Michel Schneider, *Big Mother. Psychopathologie de la vie politique*, et Jean-Claude Liaudet, *Le Complexe d'Ubu ou la Névrose libérale.* Tous ces textes se consacrent à l'analyse du contrôle social contemporain dans ses spécificités inédites, à savoir la dépolitisation des masses par la mise en place d'un type de société reposant sur les caractéristiques du giron maternel, induisant un abaissement de l'âge mental moyen ainsi qu'un certain nombre de nouvelles pathologies mentales tournant autour de la dépression et de la perversion. En cherchant à abolir toutes les frontières, donc toutes les limites, et dans le même geste la notion même d'extériorité, de monde extérieur, objectif, réel, l'ingénierie mondialiste cherche ainsi à construire une forme de société déréalisée s'appuyant sur une culture de l'intériorité, de la fusion charnelle dans un bloc identitaire homogène et du rejet corrélatif de tout ce qui est hétérogène, autre, bref de tout ce qui rappelle le Père, c'est-à-dire l'instance qui fissure l'emprise exclusive et englobante du monde maternel pour introduire au « monde extérieur » et au réel.

Le pied-dans-la-porte

Une autre manière de construire le consentement à la régression s'appuie sur ce que l'on pourrait appeler une « ingénierie de la mise en situation obligeante ». Dans leur classique de la psychologie sociale, *Petit traité de manipulation à l'usage des honnêtes gens*, les deux chercheurs Robert-Vincent Joule et Jean-Léon Beauvois décrivent ainsi plusieurs stratégies d'induction comportementale qui, chaque fois, respectent le sentiment de liberté des sujets manipulés. Il s'agit dans tous les cas de construire la « servitude volontaire », c'est-à-dire faire non seulement accepter, mais encore désirer au sujet manipulé ce que l'on a, en fait, décidé à sa place, en le mettant dans une situation d'engagement à poursuivre un comportement. La technique du pied-dans-la-porte, ou « technique du saucisson », qui consiste à faire avaler le tout par petites tranches, est l'une des plus connues. Joule et Beauvois la résument ainsi : « [...] on extorque au sujet un comportement préparatoire non problématique et peu coûteux [...] Ce comportement préparatoire obtenu, une requête est explicitement adressée au sujet l'invitant à émettre une nouvelle conduite, cette fois plus coûteuse et qu'il n'avait que peu de chances d'émettre spontanément. »[28] En procédant de manière graduée, il est ainsi possible d'orienter petit à petit la démarche d'un sujet (individu ou groupe) et même de lui faire entreprendre « librement » une dégradation de sa situation, tout en lui donnant l'impression qu'il améliore son sort et qu'il agit de son propre chef, alors qu'on lui a fait prendre une décision irrationnelle et allant contre son intérêt.

L'étude psychologique de l'induction de prise de décision irrationnelle a été initiée par Lewin dans ses fameuses expériences de

---

28. Joule (Robert-Vincent) et Beauvois (Jean-Léon), *Petit traité de manipulation à l'usage des honnêtes gens*, Presses universitaires de Grenoble, 2002, p. 103.

modification comportementale, que Joule et Beauvois rappellent brièvement : « Il faut savoir gré à Kurt Lewin (1947) d'avoir, le premier, insisté sur de telles conséquences de l'activité de décision. Inutile de rappeler dans le détail ces expériences maintenant célèbres dans lesquelles il compare l'efficacité de deux stratégies visant à modifier les habitudes de consommation de ménagères américaines (acheter de bas morceaux de boucherie plutôt que des pièces nobles, du lait en poudre plutôt que du lait frais, etc.) »[29] Cette fabrique du consentement au changement dirigé « vers le bas » réclame toujours beaucoup de délicatesse dans la manière de procéder. Toute précipitation ou attaque massive sont proscrites. Ainsi, dès 1996, un rapport publié dans le *Cahier de politique économique* de l'Organisation de coopération et de développement économiques (OCDE) faisait les préconisations suivantes pour liquider les services publics d'État en provoquant le moins de réaction possible : « Si l'on diminue les dépenses de fonctionnement, il faut veiller à ne pas diminuer la *quantité* de service, quitte à ce que la *qualité* baisse. On peut réduire, par exemple, les crédits de fonctionnement aux écoles ou aux universités, mais il serait dangereux de restreindre le nombre d'élèves ou d'étudiants. Les familles réagiront violemment à un refus d'inscription de leurs enfants, mais non à une baisse graduelle de la qualité de l'enseignement, et l'école peut progressivement et ponctuellement obtenir une contribution des familles, ou supprimer telle activité. Cela se fait au coup par coup, dans une école, mais non dans l'établissement voisin, de telle sorte que l'on évite un mécontentement général de la population. »[30]

---

29. *Op. cit.*, p. 30.

30. MORRISSON (Christian), « La faisabilité de l'ajustement », in *Cahier de politique économique* n°13, Centre de développement de l'OCDE, 1996, p. 30 : http://www. cip-idf.org/IMG/pdf/ocde_n_13_.pdf

Obtenir le consentement non problématique à la dégradation peut aussi être considérablement favorisé par une situation de départ qui, elle, est problématique, ou du moins perçue comme telle. Toute situation humaine étant, sous un angle ou sous un autre, problématique, il n'y a qu'à en accentuer certains aspects, noircir le tableau pour exiger des « réformes » salvatrices. S'il le faut, on crée le problème par un sabotage intérieur, sous la forme d'une diminution des budgets de fonctionnement, d'une dette publique savamment gonflée (par la prise en compte des intérêts dans le calcul global), ou de toute forme de crise planifiée, économique, diplomatique, sociale, etc. Puis on propose une solution. Cette solution proposée ne fera qu'empirer les choses, mais comme c'est la seule voie de changement suggérée au groupe, il a l'impression d'une amélioration par simple changement de position. Le simple fait de changer quelque chose produit l'impression de changer en mieux, car le psychisme humain est ainsi fait qu'il envisage toujours positivement au début la sortie d'une situation difficile. Ce réflexe cognitif est la conséquence d'un optimisme instinctif, d'origine biologique, sans lequel l'être vivant ne saurait se maintenir en vie. Cet engouement ne dure que jusqu'à ce que l'on se rende compte que c'était pour aller vers pire. Et alors une autre solution est aussitôt proposée, qui ne fera à son tour qu'empirer la situation, mais qui sera reçue provisoirement avec enthousiasme, et ainsi de suite à l'infini sans qu'il ne soit jamais possible de revenir à l'origine du problème pour le régler réellement, car on se trouve continuellement déporté toujours plus loin de ses racines. La conduite du changement vise ainsi à implanter dans les esprits un « C'était pire avant » systématique, interdisant tout conservatisme ou retour en arrière, et ce, quelle que soit la situation, même la plus dégradée, que l'on expérimente. Il s'agit d'induire une marche en avant forcée d'un point A vers un point B, en programmant une sorte d'espoir aveugle et d'optimisme obtus pour le point B, présenté comme nécessairement meilleur que le point A, passéiste et réactionnaire, le tout reposant sur une bonne dose d'autosuggestion, de révisionnisme historique et de progressisme idéologique.

Mind Control

Faisons encore un pas dans la régression mentale provoquée et le piratage social. Chacun se souvient des propos de Patrick Le Lay, alors président-directeur général de TF1, sur « le temps de cerveau disponible » que sa chaîne de télévision vendait aux annonceurs publicitaires. Rien d'anecdotique dans cette formulation. Après le contrôle des émotions et des situations, l'ingénierie sociale s'est beaucoup intéressée au contrôle direct du cerveau, dans l'optique de court-circuiter le champ des représentations pour s'attaquer directement à la programmation du système nerveux dans sa matérialité la plus brute. Cette analogie entre cerveau et ordinateur, déjà perceptible dans la cybernétique, le cognitivisme et le *social learning*, s'appuie en fait sur le *learning* tout court, c'est-à-dire les théories de l'apprentissage, au sens d'apprendre à un être vivant à se comporter de telle façon. Pour le dire frontalement, le *learning* est la science du dressage et du conditionnement comportemental. Elle fut originellement testée sur des animaux de laboratoire, mais rapidement appliquée à l'humain dès les années quarante au travers des recherches en *Mind Control* (contrôle mental), ou MK (*Mind Kontrolle*), menées dans le but de créer des « candidats Mandchous » et des soldats parfaits, ignorant la peur, insensibles à la douleur, etc. Divers protocoles furent mis au point, s'appuyant sur les principes behaviouristes de « conditionnement classique », issus des travaux de Pavlov sur les réflexes conditionnés (stratégie directe et déterministe) et de « conditionnement opérant », issus des travaux de Skinner sur l'induction de comportements à partir du façonnage de l'environnement (stratégie indirecte et tendancielle).

Le jeu sur la récompense et la punition pouvant aller jusqu'à des actes de torture, on ne s'étonnera pas que le programme américain de recherche MK-Ultra, dont les dossiers ont été récemment déclassifiés après avoir été top-secret pendant une cinquantaine d'années, ait fortement inspiré, non seulement l'ouvrage déjà mentionné de Naomi Klein, mais encore l'enquête très approfondie de Gordon Thomas, intitulée *Les Armes secrètes de la CIA. Tortures, manipulations et armes chimiques.* L'auteur y restitue l'historique complet du projet MK-Ultra, avec ses savants fous affairés autour de leurs cobayes humains, ou « sujets jetables », selon leurs propres termes. La germanisation du terme *control* en *Kontrolle* était un clin d'œil aux origines des scientifiques qui développèrent les premiers ces recherches, d'anciens nazis exfiltrés après la guerre aux États-Unis ou en Angleterre dans le cadre de l'opération Paperclip. Ainsi, depuis 1945, et dans la continuité de ce que les scientifiques du Troisième Reich avaient commencé de mettre au point, de nombreuses expériences sur l'hypnose, les hallucinogènes, l'influence subliminale, le lavage de cerveau et la reprogrammation mentale furent (et continuent d'être) élaborées sur les individus et sur les masses au Massachusetts Institute of Technology (MIT), à l'Institut Tavistock ou sur d'autres campus universitaires tels que Harvard. Le malheureux Ted Kaczynski, devenu célèbre sous le pseudonyme Unabomber, en fut lui-même victime au début des années soixante, alors qu'il était encore étudiant sous la direction de Henry A. Murray. Plus récemment, on a vu naître de ces recherches une nouvelle discipline, le neuromarketing, fondée sur l'imagerie médicale du cerveau et visant explicitement à déclencher des pulsions d'achat irrépressibles par l'activation ciblée de certaines zones du système nerveux.

Le *Mind Control* est friand de métaphores informatiques et relatives à l'intelligence artificielle, son projet consistant à réécrire le programme comportemental d'une machine vivante, mais sans que cette machine ne s'en rende compte. Piratage psychosociobiologique, où le code source du sujet cobaye a été craqué, puis effacé et reformaté par une entité extérieure au sujet, qui s'est ainsi rendue propriétaire de l'inconscient du sujet et qui peut donc orienter son devenir. Un *hacker* s'est infiltré dans la mémoire, en a pris le contrôle, l'a reconfigurée selon ses plans, a implémenté de nouveaux *habitus*, de nouveaux algorithmes comportementaux et pilote désormais la machine humaine à distance. Mais surtout, il a effacé toute trace de son effraction et de sa manipulation. La philosophie du *Mind Control*, l'emprise totale sur un être vivant, emprise autorisée par la réduction de cet être à une machine computationnelle simplement animée d'entrées et de sorties d'information (*input* et *output*), a ainsi infusé toute la politique moderne, progressivement réduite à la gestion de flux quantitatifs. La cybernétique, même quand elle se veut « humaniste » dans les conférences de la Fondation Macy (1946-1953) ou dans le rapport Meadows du Club de Rome (1972), ne peut s'empêcher de chercher à réduire l'incertitude à zéro et donc à produire un effet de chosification du vivant.

Ces diverses approches de la gestion des groupes humains ont toutes en commun de produire des effets de nivellement par le bas. Chaque fois, il s'agit de contourner le lobe frontal du cerveau, le néocortex, siège du langage et des fonctions dialectiques, pour prendre directement le contrôle des fonctions prélinguistiques : les réflexes primitifs du cerveau reptilien, et les émotions dans le système limbique. Il s'agit de rendre impossible la sublimation, c'est-à-dire de désirer des mots plutôt que des objets, et de maintenir toute la vie entre deux états mentaux simplifiés prélangagiers, dérivés des deux émotions primitives que sont la peur et l'excitation érogène. Cette atrophie du champ psychique génère évidemment toute une gamme d'états dépressifs et de pathologies mentales diverses, que l'on peut rassembler sous les termes de désymbolisation, de perte de sens et de structure mentale. Mais, pour parvenir à ses fins, c'est-à-dire la construction d'un système social totalement sûr et prévisible, l'ingénierie politique des pays développés n'a pas eu d'autre choix que de considérer l'humain comme moins qu'un animal : comme un simple objet plastique et à disposition pour le recomposer à loisir.

Virtualisme

Cette plasticité autorise toutes les transgressions et réécritures du réel. En ingénierie politique, quand le comportement réel d'une population, par exemple au moment d'un vote, ne correspond pas aux prévisions du pouvoir, un lissage virtuel vient réécrire et corriger ce réel pour l'ajuster à la prévision. Ce lissage peut prendre plusieurs aspects. Le plus brutal consiste à faire comme si on n'avait rien vu et à ne pas tenir compte des résultats du scrutin. Les peuples disent « non » à un référendum, mais on fait comme s'ils avaient dit « oui ». Malheureusement, une distorsion des faits aussi énorme révèle la vraie nature du pouvoir en place. Un bout de réel apparaît, la virtualisation n'est pas parfaite. Il est évidemment plus subtil de noyer le trucage des résultats dans des procédures juridiques, comme ce fut le cas pour les élections présidentielles de 2000 aux États-Unis. À l'avenir, la dématérialisation du vote, le remplacement des urnes et des bulletins par des bits numériques et le vote électronique faciliteront considérablement le trucage systématique des scrutins et la réécriture décomplexée du réel. À titre de mise en garde, les études menées par Chantal Enguehard, chercheuse en informatique au Centre national de la recherche scientifique (CNRS), ont déjà mis en évidence des falsifications introduites par les machines à voter dans les scrutins présidentiels, législatifs et municipaux de 2007 et 2008 en France.[31]

La réécriture d'un réel qui ne convient pas aux prévisions s'inscrit dans ce fantasme de prédictibilité et de réduction absolue de l'incertitude, fantasme de sécurisation maximum du système qui caractérise la politique quand elle est sous influence «scientifique». Si ce fantasme sécuritaire semble légitime dans le champ scientifique, il induit dans le champ sociopolitique des effets collatéraux que l'on peut résumer ainsi : aspiration à un contrôle total du réel, donc réification générale, chosification, transformation des sujets en objets et du vivant en non-vivant. Le réel étant, selon la définition topologique et structurale de Jacques Lacan, «ce qui ne se contrôle pas», l'ingénierie sociale vise donc ni plus ni moins qu'à abolir le réel. Au profit de quoi? Au profit d'une déréalisation parfaitement contrôlée, ce que Jean Baudrillard appelait un «simulacre» (ou une «simulation»). En termes topologiques, le réel n'est donc pas une chose ou une substance (pas d'ontologie), mais une place, une position. N'importe quoi peut être en position de réel, dès lors que l'on bute dessus et qu'on ne le contrôle pas. À ce titre, même du virtuel peut être en position de réel, le «vrai» virtuel n'étant pas le contraire du réel, mais l'abolition de la distinction entre les deux. Le réel est ainsi

---

31. «Une étude pointe les failles du vote électronique», *Le Nouvel Observateur*, 8 juillet 2008 : http://tempsreel.nouvelobs.com/actualites/politique/20080708. OBS2090/une_etude_pointe_les_failles_du_vote_electronique.html

l'autre nom de l'antagonisme originel qui fonde nos vies psychiques, la contradiction fondamentale des choses qui pose une limite à notre volonté de puissance. Dans le champ politique, le réel c'est donc tout ce qui est en position de contre-pouvoir. C'est donc aussi tout ce qui fait peser une menace sur la sûreté et la sécurisation de mon pouvoir, en tant que je le voudrais central et exclusif.

Le corpus de recherches initié par Michel Foucault et Giorgio Agamben montre en détail comment cette mutation sécuritaire de la politique suit une logique carcérale. La réflexion du pouvoir politique se limitant aujourd'hui aux moyens de sécuriser totalement la gestion des populations, la criminologie en devient tout naturellement le nouveau paradigme théorique. Les élites dirigeantes cherchant à abolir tout contre-pouvoir et toute contradiction, il va de soi que la surveillance permanente et l'ingénierie normative des groupes priment sur le débat d'idées contradictoires. Cette dérive concentrationnaire de la société obéit cependant à un double standard. L'État français est capable de traiter de simples militants politiques comme des terroristes «fichés S» au motif qu'ils ont voyagé en Russie, et en même temps de rapatrier des djihadistes de l'État islamique (Daech) et leurs enfants sous prétexte qu'ils sont d'origine française. L'annihilation de toute contradiction, ou mieux, la mise en scène de pseudo-contradictions, de pseudo-luttes de pouvoir et de pseudo-alternances qui donnent l'impression de sauver le réel politique, mais en le vidant de toute sa substance, cette sécurisation du champ politique par la fiction est le but exclusif poursuivi par nos modernes conseillers du Prince, consultants politiques, *spin doctors* et grands architectes du corps social qui passent leur temps à orienter la perception du réel et à bâtir des structures groupales en forme de pyramide, dont ils seront «l'œil qui voit tout» au sommet. La revue d'analyses stratégiques, *De defensa*, a qualifié de «virtualisme» cet état où la perception du champ politique est volontairement déconnectée du réel.[32] Le règne contemporain des pseudo-antagonismes, présentant les signes extérieurs de la contradiction, mais dont les polarités apparemment engagées dans un rapport de force sont en réalité de connivence ou sous contrôle de l'étage au-dessus, nous fait ainsi entrer dans l'ère de la virtualisation sécuritaire et de l'abolition du réel en politique.

Guerre contre-insurrectionnelle

Dans leur travail de virtualisation du champ politique, les ingénieurs sociaux se sont beaucoup inspirés des méthodes de la guerre contre-insurrectionnelle. Fabriquer le consentement du peuple exige de savoir contourner, neutraliser, annihiler les risques de révolte de sa part. Face aux diverses insurrections qui ont émaillé le XXe siècle, guerres de décolonisation, révolutions, guérillas, soulèvements et conflits sociaux déstabilisant le pouvoir, des officiers militaires de divers pays ont cherché à formaliser des tactiques de contre-insurrection, autrement dit des techniques de la répression réussie de toute forme de résistance populaire au pouvoir, si possible permettant de tuer la contestation dans l'œuf avant même qu'elle n'apparaisse. Les manuels les plus connus sont ceux de Roger Trinquier, *La Guerre moderne* (1961), David Galula, *Contre-insurrection. Théorie et pratique* (1964-2008) et Frank Kitson, *Low Intensity Operations. Subversion, Insurgency and Peacekeeping* (1971).

Le général britannique Frank Kitson (né en 1926) a occupé les fonctions et obtenu les décorations les plus hautes, dont

---

32. GRASSET (Philippe), « Le virtualisme est désormais identifié à Washington : faith-based community contre reality-based community », 23 octobre 2004 : http://www.dedefensa.org/article.php?art_id=1250

Commander in Chief, Land Command de l'armée royale de 1982 à 1985, général aide de camp de la reine Elizabeth II de 1983 à 1985, et chevalier grand-croix de l'ordre de l'Empire britannique. Comptant des années d'expérience sur le terrain et de nombreux faits d'armes (Kenya, Malaisie, Irlande du Nord, Malouines), il a rédigé un manuel dans lequel il consigne une synthèse des méthodes à employer par un corps d'armée qui cherche à s'imposer à une population locale qui lui résiste. Ce livre aux tirages confidentiels n'a jamais été traduit dans notre langue et nous n'en connaissons que cinq exemplaires dans les bibliothèques universitaires françaises (voir le catalogue Sudoc). De fait, la diffusion à un large public de ce texte pourrait à elle seule faire basculer des équilibres géopolitiques entiers. Le journaliste d'investigation Michel Collon nous résume ainsi le contenu de ce Graal de la pensée politique : « Tout général qu'il soit, Kitson considère que la répression militaire et policière classique n'a aucune chance de réussir sans une "campagne pour gagner les cœurs et les esprits", qu'il appelle "guerre psychologique stratégique". Que recouvre ce terme mystérieux ? Cela se clarifie quand on examine l'ensemble des méthodes prônées, et utilisées, par Kitson :
— Former tous les cadres importants des ministères (Armée, Affaires étrangères…) aux techniques de "psy ops" (manipulations psychologiques de l'opinion). — Monter des "pseudogangs" qui recueilleront un maximum d'informations. Mais qui, surtout, en menant des "coups" attribués à l'ennemi, permettront de le discréditer. — Employer les "forces spéciales" (SAS) pour réaliser des attentats qui seront attribués à l'ennemi afin d'augmenter la tension et justifier la répression. — Créer des diversions, par exemple en provoquant une "guerre de religion". — Fabriquer de faux documents ("black propaganda") qui seront attribués à l'ennemi afin de le discréditer. — Infiltrer des agents, ou recruter des traîtres (par

chantage ou corruption), au sein des organisations de l'adversaire toujours afin de le discréditer, voire de provoquer des scissions. — Militariser l'info de la BBC et y censurer totalement le point de vue adverse. Filtrer l'information à destination de la presse internationale, et s'y assurer des complicités. Fournir des documents photographiques pour influencer l'opinion. Utiliser des journalistes comme espions sur le terrain. — Utiliser la musique pour attirer des jeunes avec un message apparemment "dépolitisé". — Mettre en place et populariser de faux mouvements "spontanés", présentés comme neutres et indépendants, en réalité financés et téléguidés afin de diviser et affaiblir le soutien au camp adverse. »[33]

Kitson passe ainsi en revue tout l'arsenal de la politique actuelle : la création de faux ennemis, de faux amis, de faux problèmes et de fausses solutions au moyen de fausses perceptions induites par de faux attentats terroristes (dits *false flags* ou « sous fausse bannière » dans le jargon militaire) et de fausses informations (propagande noire, entièrement fausse, ou grise, mélange de vrai et de faux pour mieux faire passer le faux), toutes ces mises en scène pouvant être résumées sous l'abréviation psy ops, pour « opérations psychologiques ». Faux charniers en Roumanie, en Yougoslavie, en Ukraine, fausses armes de destruction massive en Irak, vraies attaques chimiques mais faux témoignages pour accuser le gouvernement en Syrie ou ailleurs, les *Fake News* deviennent la norme et forment la toile de fond enveloppante de l'environnement global, avec ses conséquences catastrophiques sur le psychisme individuel. Dans son discours de Harvard prononcé en 1978, Alexandre Soljenitsyne dénonçait l'empire du mensonge incarné par cet Occident libéral qu'il découvrait en tant que dissident soviétique. Ce n'est cependant

---

33. GOLINGER (Eva), *Code Chavez. CIA contre Venezuela*, préface de Michel Collon, Oser Dire, 2006, p. 24.

qu'une question de dosage. Dans la société du Spectacle, le vrai n'est plus qu'un moment du faux. Mais, comme le soulignent Christian Harbulot et ses corédacteurs dans *La Guerre cognitive*, le mensonge, la manipulation, le leurre et la ruse sont les outils immémoriaux de la politique, en tant que guerre mentale des images, des mots et des représentations pour le contrôle des esprits. Dès le premier chapitre de son manuel classique, Sun Tzu écrivait : « Tout l'art de la guerre est basé sur la duperie. » Plus récemment, le général Francart nous expose de manière très détaillée dans *La Guerre du sens*, sous-titré *Pourquoi et comment agir dans les champs psychologiques*, comment la propagande doit s'inspirer des méthodes de communication publicitaire pour obtenir le consentement, voire les faveurs, des populations visées. Et, en effet, c'est au XXe siècle que la déréalisation du champ politique a atteint son apogée grâce aux médias de masse, en particulier la télévision, outil merveilleux de contrôle social, espion infiltré jusque dans les chambres des adolescents, qui est venu façonner les perceptions et mettre en forme la vision du monde de millions de citoyens. La télévision, principal vecteur des psy ops, a permis et permet encore de faire entrer des populations entières dans une réalité virtuelle entièrement construite par le pouvoir.

Reality-building

Le *reality-building*, la science de la construction de la réalité, n'a aucune existence officielle comme théorie ou pratique constituée. Mais, un peu à l'image de ces singularités cosmiques que sont les trous noirs, il est possible d'en inférer l'existence à partir des effets qu'il produit. Les analyses que Christian Salmon rassemble dans *Storytelling – La machine à fabriquer des histoires et à formater les esprits* (2007) nous mettent sur la piste. En effet, le *storytelling*, théorie en vogue chez les consultants en politique, en management et en marketing, assume déjà pleinement que le *leadership* et la direction de groupe soient fondés sur le fait de «raconter des histoires». Ces histoires que l'on raconte peuvent être indexées sur le réel, s'appuyer sur des faits objectifs, mais pas nécessairement. Ici, la vérité et les faits réels sont secondaires. Le *storytelling* repose essentiellement sur l'élaboration d'un bon récit, qui peut être une bonne fiction, enthousiasmante ou anxiogène, et qui applique des schémas narratifs et des structures scénaristiques ayant déjà fait leurs preuves dans la littérature ou le cinéma. L'imagerie et les mises en scène spectaculaires visent à faire rêver et à produire à la demande tel ou tel type d'émotion dans le public, de manière à s'assurer la prévisibilité de son comportement et à garder le contrôle du système. Non pas répondre aux réactions du peuple, mais les créer carrément, afin d'avoir toujours un coup d'avance sur lui. Tel est l'objectif que se donnent Klaus Schwab et Thierry Malleret, deux piliers du «forum de Davos», dans *Le Grand récit – Pour un avenir meilleur*, publié en 2022 comme une suite à *Covid-19 : la Grande Réinitialisation* : «Les récits fournissent le contexte dans lequel les faits que nous observons peuvent être interprétés, compris et exploités. En ce sens, ils représentent bien plus que les histoires que nous racontons, écrivons ou illustrons au sens figuré ; ils finissent par être les vérités, ou les idées que nous acceptons comme des vérités, qui sous-tendent les perceptions qui façonnent nos "réalités" et, ce faisant, forment nos cultures et nos sociétés. Grâce aux récits, nous expliquons comment nous voyons les choses, comment elles fonctionnent, comment nous prenons des décisions et les justifions, comment nous comprenons notre place dans le monde et comment nous essayons de persuader les autres d'adhérer à nos croyances et à nos valeurs. En résumé, les récits façonnent nos perceptions, qui à leur tour forment nos réalités et finissent par influencer nos choix et nos actions. C'est ainsi que nous trouvons un sens à la vie. Ce livre propose une constellation de récits interdépendants qui nous éclairent sur ce qui va arriver et sur ce qu'il faut faire. Le Grand récit s'articule autour d'une histoire centrale et résulte d'un effort de collaboration avec certains des plus grands penseurs du monde. Il vise à façonner des perspectives à plus long terme et à co-créer un récit capable d'aider à créer une vision plus résiliente, inclusive et durable de notre avenir collectif. »[34]

Dans cette approche constructiviste, on peut poser l'équation : récit = réalité. De fait, nous n'avons accès à la réalité qu'à travers le prisme du langage. Ce filtre est parfois déformant. Dans tous les cas, il possède une certaine plasticité. Le langage permet de pixelliser la réalité – en pixellisant l'image de la réalité – puis de la décomposer, point par point, pour la reconstruire selon un nouveau plan. Depuis 2020 et le lancement du *Great Reset* à la faveur de la Covid-19, Schwab et Malleret travaillent à dissoudre la condition humaine et la multitude infinie des récits et des réalités qui la composent pour les recoaguler dans le Grand récit, au singulier, qui façonnera la nouvelle réalité mondiale post-humaine unique, celle définie par Schwab, Malleret et leurs associés. Avant d'unifier le monde sous une seule gouvernance, et de gérer toute la planète depuis un mur d'écran dans un bureau à Genève, il faut définir et faire accepter un seul récit pour toute l'humanité, un seul logiciel qui permettra de réinitialiser la machine mondiale sur la base d'un seul programme, un seul discours, permettant d'harmoniser le fonctionnement de tous les cerveaux. Comme tous les grands utopistes, Klaus Schwab est pacifiste. La recherche du consensus, soit la réduction du multiple et des

---

34. SCHWAB (Klaus) et MALLERET (Thierry), *Le Grand récit – Pour un avenir meilleur*, 2022, Forum Publishing, p. 14.

antagonismes, est l'idée fixe de Schwab depuis qu'il a créé le Forum économique mondial en 1971, que ce soit au travers de son concept du « capitalisme des parties prenantes » ou en géopolitique. L'angoisse de Schwab, et des mondialistes en général, est la fragmentation du monde, qu'il déplorait à la réunion du G20 en 2022, en particulier à cause de la guerre en Ukraine, morcellement multipolaire qu'il faut abolir et restructurer dans un Grand récit central et une seule réalité mondiale unipolaire. Ce fantasme utopiste de construire une réalité mondiale unifiée et pacifiée à travers l'élaboration d'un seul récit collectif pour toute l'humanité n'est possible qu'à travers l'élimina-tion de toute diversité, altérité, extériorité, ce qui est le mécanisme même de la psychose et de l'envahissement de la fiction, quand la limite entre soi-même et l'autre vacille et que l'on ne distingue plus les représentations subjectives et le monde extérieur. Le Grand récit mondial unique est donc avant tout la Grande fiction.

Sans doute conforté par les progrès des technologies audiovi-suelles et informatiques, il semble que le marketing politique fasse un usage toujours croissant de la fiction. En ce sens, le *reality-building*, qui vise à prendre la plus grande liberté possible à l'égard du réel, n'est que le concept radicalisé, désinhibé, poussé à son terme de la propagande et du *storytelling* : on ne se contente plus de raconter une histoire, on projette de faire entrer complètement autrui dans une réalité virtuelle que l'on a construite de A à Z. Le journaliste poli-tique Ron Suskind rapportait en 2004 la conversation qu'il avait eue un jour avec un conseiller de George W. Bush : « Pendant l'été 2002, après que j'eus écrit un article dans *Esquire* que la Maison-Blanche n'aima pas au sujet de l'ancienne directrice de la communication de Bush, Karen Hughes, j'ai eu une discussion avec un conseiller senior de Bush. Il m'exprima le déplaisir de la Maison-Blanche, puis il me dit quelque chose que je n'ai pas entièrement compris à ce moment-là

– mais qui, je le crois maintenant, concerne le cœur même de la présidence de Bush. Le conseiller me déclara que les types comme moi étaient "dans ce que nous appelons la communauté fondée sur le réel", qu'il définissait comme les personnes qui "croient que les solutions émergent de l'étude judicieuse de la réalité discernable". J'acquiesçai, et murmurai quelque chose sur les principes de la raison et de l'empirisme. Il me coupa net. "Ce n'est plus la façon dont fonctionne le monde désormais", continua-t-il. "Nous sommes désormais un empire, et quand nous agissons, nous créons notre propre réalité. Et pendant que vous étudierez cette réalité – de manière judicieuse, sans aucun doute – nous agirons à nouveau, créant d'autres nouvelles réalités, que vous pouvez étudier également, et c'est comme ça que les choses se régleront. Nous sommes les acteurs de l'Histoire... et vous, vous tous, il ne vous restera qu'à tout simplement étudier ce que nous faisons." »[35]

Le malaise provoqué par ces propos vient de ce que l'on assiste à la transgression décomplexée d'un tabou. Quelque chose de sacré se trouve piétiné sous nos yeux. Et en effet, le *reality-building* n'hésite pas à transgresser la Loi fondamentale de la condition humaine, la Loi ultime de nos vies, c'est-à-dire l'affrontement au réel, le fait qu'il subsiste toujours quelque chose «qui ne se contrôle pas». Chacun, quelle que soit sa position dans la hiérarchie sociale, doit se soumettre à cet arbitre, à cette autorité fondamentale et fondatrice que, par définition, personne ne contrôle et qui reste donc totalement impartiale et incorruptible. Nous sommes tous égaux face au réel. Or l'ingénierie sociale vise justement à échapper à cette

---

35. Suskind (Ron), "Without a Doubt. Faith, Certainty, and the Presidency of George W. Bush", *New York Times*, 17 octobre 2004 : http://www.nytimes.com/2004/10/17/magazine/17BUSH.html?ex=1255665600&en=890a96189e162076&ei=5090&partner=rssuserland

commune condition humaine pour élaborer une forme de vie et de politique inégalitaire, où le sommet de la pyramide se détacherait complètement de la base, où le fantasme du dominant prendrait la place du réel pour devenir la Loi exclusive du dominé. Ce vieux rêve de mettre son propre désir à la place du réel, rêve de pouvoir réaliser tous nos fantasmes, d'abolir toutes les limites et tout ce qui résiste à notre désir, est lui-même un effet de notre condition d'humains, trop humains, pour qui la perception du réel est toujours découplée du réel lui-même. L'Homo sapiens n'est effectivement pas en contact direct avec le réel. Son rapport au réel est toujours médiatisé par une construction perceptive, une représentation, que l'on appelle la réalité. Comme l'a thématisé Alfred Korzybski dans sa Sémantique générale, le rapport entre le réel et sa représentation est exactement sur le modèle du territoire et de sa carte. Certes, nous vivons dans un territoire réel, mais il faut intérioriser une carte de ce territoire, donc une représentation de ce réel, pour y survivre. La construction de la carte se fait au moyen de signes. Or l'arbitraire du signe mis en évidence par Ferdinand de Saussure, le fait que les signes n'aient aucun rapport naturel avec ce qu'ils désignent, oblige à ce que toute construction de sens soit conventionnelle, donc culturelle, historique, relative et négociable. L'humain vit donc dans un paradoxe, avec un pied dans une réalité plastique et constructible, représentation sémantique d'un réel, lui, incontrôlable, immaîtrisable et asémantique où il pose l'autre pied.

À défaut de construire directement le réel, on peut donc chercher à s'en approcher de manière asymptotique en construisant une réalité. Ensuite, le mécanisme très largement partagé de la prophétie autoréalisatrice fait le reste : à force d'agir et de penser en fonction d'une certaine image du réel, on en vient à façonner le réel lui-même selon cette image. Ce sont les divers moyens d'y parvenir que la théorie constructiviste a analysés, notamment dans l'ouvrage collectif *L'Invention de la réalité*, de l'école de Palo Alto et dont Paul Watzlawick est le membre le plus connu. Du constructivisme ont été tirées de nombreuses applications stratégiques visant à éliminer toute forme de contestation. Ainsi, une technique appliquée dans le milieu de l'entreprise, le «message multiplié», consiste à orchestrer par des mémos internes la circulation d'une même information avec de petites variantes et par des canaux différents pour élaborer un paysage informationnel apparemment décentralisé et non concerté, une réalité ressemblant au réel, mais fondamentalement univoque et consensuelle, d'où le réel a été en fait évacué. À la limite, qu'il y ait désaccord effectif dans le groupe, voire conflit déclaré, passe encore, mais il ne doit en aucun cas être perçu.

D'autres techniques de *reality-building* reposent sur l'inversion systématique du sens des mots et l'élaboration de syntagmes contradictoires dans les termes, paralysant la réflexion critique. Cette activité de construction linguistique d'une réalité non polémique, réalité purement positive, dont toute négativité a été évacuée, George Orwell l'avait, en son temps, baptisée la «novlangue». Reprenant le témoin, Éric Hazan, dans *LQR. La propagande du quotidien*, met en évidence les altérations intentionnellement déréalisantes que le pouvoir gestionnaire contemporain fait subir au langage, qui n'ont d'égal que celles analysées par Victor Klemperer dans *LTI, la langue du IIIe Reich*. Dans le même esprit, Stuart Ewen rapporte ces conseils de marketing publicitaire : «Pour vendre la culture marchande, il fallait en proposer une vision épurée de toute cause de mécontentement social. [...] Helen Woodward, qui faisait autorité en matière de rédaction publicitaire dans les années vingt, disait que pour écrire une annonce efficace le concepteur devait éviter religieusement l'univers de la production. "Quel que soit le produit que vous devez faire valoir", recommandait-elle, "n'allez jamais voir l'endroit où il est fabriqué [...] Ne regardez jamais travailler les gens [...] Parce que, voyez-vous, quand vous connaissez la vérité de n'importe quoi, la vérité réelle et profonde, il devient très difficile de composer la prose légère et superficielle qui va faire vendre cette chose-là." »[36]

On le voit, le marketing repose souvent sur une bonne dose de double pensée, au sens d'Orwell, c'est-à-dire d'autosuggestion. La suggestion, et surtout l'autosuggestion, d'une réalité fictive qui enchante ce dont on fait la promotion ou qui dénigre exagérément un adversaire, font partie des techniques de propagande de base communes aux régimes totalitaires et aux écoles de « force de vente ». Dans *Les Falsificateurs*, l'écrivain et directeur d'entreprise Antoine Bello, fondateur de la multinationale Ubiqus, décrit une organisation secrète internationale, le Consortium de falsification du réel (CFR), dont le travail consiste, sous le couvert de cabinets de consultants, à réécrire et inventer des épisodes entiers de l'histoire mondiale. Œuvre aux confins de la fiction et de l'autobiographie, illustrant une fois de plus les liens qui unissent politique et approche gestionnaire dans la guerre contemporaine au réel. Dans tous les cas, il s'agit d'enfermer la subjectivité, soi-même ou autrui, dans une construction mentale aux dimensions d'une réalité virtuelle complète ; mais pour que l'illusion tienne, le geste de la construction intentionnelle doit être soigneusement dissimulé. Il faut parvenir à essentialiser et naturaliser la construction sociale et linguistique, aussi délirante soit-elle, faire en sorte qu'elle soit LA réalité, unique et incontestable. Ce qui est fantasme pour les uns devient alors loi pour les autres. En bref, « Circulez, y'a rien à voir ».

---

36. EWEN (Stuart), *op. cit.*, p. 121-122.

Toute opération de marketing politique, de façonnage des perceptions et de construction de la réalité a pour finalité d'abolir le réel, donc ultimement de dépolitiser le débat, au moyen de la mise sur pied d'un système de leurres et de feintes. Le rôle de la désinformation (intox et *deception*), également crucial dans le domaine militaire et dans celui des renseignements, consiste à capter et à distraire l'attention, faire diversion en orientant les perceptions sur de faux dangers pour occuper le temps de cerveau disponible à de fausses alertes et envoyer l'ennemi sur de fausses pistes, par exemple en inventant des terroristes et en fabriquant des preuves, si besoin est. Sur le plan politique, ce dispositif n'a qu'un but, ne jamais aborder la seule question sérieuse, la question qui fâche, c'est-à-dire la lutte des classes, les écarts de richesse entre classes sociales, et les efforts pour résorber ces écarts. Le communautarisme identitaire, situé à l'origine plutôt sur la droite de l'échiquier politique, a migré vers la gauche sous un nouveau nom : le *wokisme*. En tant qu'ingénierie des perceptions, ce tour de passe-passe repose sur la méthode suivante : afin d'estomper la perception des grosses différences gênantes sur le plan politique, c'est-à-dire les différences de capital, on dramatise les différences ethniques, religieuses, de genre, d'orientation sexuelle, on les souligne, on les exacerbe de sorte qu'elles occupent tout le champ de la perception et de l'attention. Les grosses différences réelles subsistent, mais bien camouflées, éventuellement mêlées à d'autres, donc diluées et plus difficiles à saisir. En accentuant les différences secondaires au plan politique, le *wokisme* permet également de briser les solidarités au sein des classes moyennes et populaires, diviser les pauvres entre eux, les dresser les uns contre les autres pour les affaiblir.

Management négatif

Diviser pour régner. En tant qu'arme de destruction cognitive massive, le communautarisme introduit dans une population donnée une pluralité de codes culturels qui brisent ses lignes de communication, préalable à sa désorganisation tactique. Favoriser l'hétérogénéité et l'individualisation des codes, atomiser, segmenter et casser les lignes de transmission, pour aboutir à la rupture de la coordination des parties et à l'impossibilité de s'organiser. Au sein de l'espèce humaine, tout repose sur l'organisation des groupes. L'individu n'est qu'une abstraction, seuls les groupes existent : la famille, le village, le clan, la tribu, les amis, les collègues, la classe sociale, le parti, le syndicat, la nation, l'ethnie, les coreligionnaires, l'espèce dans sa globalité, etc. L'Homo sapiens ne vit qu'en groupes, il est intrinsèquement grégaire, c'est un « animal politique », comme le notait Aristote. Le management est la science de l'organisation consciente des groupes, c'est-à-dire le geste politique à l'état pur, qui précède même le débat sur les idées. Or dès lors que l'on connaît les dynamiques profondes de l'organisation des groupes, on connaît également les dynamiques profondes de la désorganisation des groupes. S'appuyant sur les découvertes de la psychologie sociale, notamment la théorie des jeux, le management s'est beaucoup intéressé au décorticage minutieux des mécanismes de la prise de décision et des phénomènes de l'engagement dans l'action. Un bon manager, un bon *leader* sait évidemment comment galvaniser ses troupes et les pousser à l'action efficace, mais il sait aussi comment inhiber la prise de décision et l'engagement dans l'action, donc comment paralyser un groupe ennemi, prélude à sa dislocation, puis à sa disparition. La partie cachée du management et du politique, la partie un peu honteuse, car franchement machiavélique, c'est donc l'art de désorganiser les groupes, l'art d'atomiser, de morceler, de fragmenter les collectifs, donc l'art d'instiller de l'individualisme. Cette « masse noire », qui se devine entre les lignes dans les enseignements de management classique, est par contre totalement explicitée dans des séminaires privés et confidentiels, réservés aux cadres les mieux placés des structures de pouvoir, en particulier dans le renseignement (intelligence économique, espionnage industriel, militaire, diplomatique, etc.).

Le management est donc l'art d'organiser les « groupes amis » – management positif – et l'art de désorganiser les « groupes ennemis » – management négatif. En politique, la maîtrise de cet art est plus importante que les idées elles-mêmes et que le débat sur ces idées. Car, en effet, l'infrastructure des idées, c'est la capacité d'organisation des groupes humains qui les supportent. Pour rendre impossible l'expression de telle idée sans jamais la censurer explicitement, il suffit de désorganiser le groupe qui la soutient. La censure indirecte, par désorganisation, découragement, démotivation du groupe, est une stratégie de contournement qui a fait ses preuves. Le programme Cointelpro, développé à partir de 1956 par les renseignements américains pour lutter contre les « ennemis intérieurs », reposait presque entièrement sur cet art de la décohésion provoquée. Un groupe disloqué ou juste incapable de s'organiser n'est plus en mesure de soutenir telle idée ou telle valeur. Avant même de polémiquer sur les idées et les valeurs, il faut donc déjà réfléchir à la capacité de soutenir, propager, diffuser des idées, des valeurs, des représentations. Autrement dit, le débat sur l'organisation du groupe précède le débat sur les idées à défendre. Qui sait organiser et désorganiser les groupes humains détient le pouvoir suprême. Car il détient le pouvoir de faire exister ou non les idées. Donc le pouvoir de produire ou d'éteindre les comportements. L'architecture sociale commande aux idées, qui commandent aux comportements, qui construisent la réalité.

Avant d'analyser plus précisément le management négatif, présentons les fondamentaux du management positif. Un groupe est un ensemble. Chez Lacan, les groupes humains peuvent se comprendre dans les termes de la logique ensembliste, ou théorie mathématique des ensembles. Lacan distingue au moins quatre modes d'organisation, modes relationnels qu'il appelle des discours : le discours du maître, où le chef domine ; le discours de l'hystérique, où l'individu domine ; le discours universitaire, où le savoir domine ; le discours analytique, où l'incertitude domine. (Lacan a aussi mentionné une fois dans son œuvre un cinquième discours, celui du capitaliste, qui nous semble être une variante de celui de l'hystérique.) La formation d'un ensemble humain, donc l'organisation d'un groupe, requiert de soumettre les individus à une hiérarchie verticale, à un discours du maître, une autorité, une Loi, un phallus symbolique en position d'exception par rapport aux membres du groupe. Ce rapport de tous les individus à une autorité transcendante est le seul moyen pour que les individus de ce groupe se perçoivent comme unifiés avant d'être des individus, donc comme les membres d'un seul organisme, condition *sine qua non* pour assurer leur cohésion systémique, leur solidarité et leur efficacité dans l'action. C'est ainsi que leur multitude sera coordonnée et qu'ils agiront « comme un seul homme ». Au risque du jeu de mots, organiser un groupe, c'est toujours le faire reposer sur des valeurs que l'on rassemble sous le terme de « virilité » : structure, discipline, encadrement, autorité, cohésion et solidarité. De fait, pendant des millénaires, la passion masculine a toujours été d'organiser des groupes, que ce soit pour le meilleur ou pour le pire, le phénomène organisationnel n'ayant pas de contenu intrinsèque. Ce que Lacan appelle être «tout phallique», c'est se reconnaître dans un ensemble, une communauté plus grande que nous et à laquelle nous sommes prêts à sacrifier notre vie individuelle, car nous n'existons pas en dehors d'elle. Dans cette optique, il n'y a de jouissance à être que collective, il n'y a de sens à la vie qu'en commun, ce qui rend l'individu capable de se battre jusqu'à la mort pour défendre les idées de son groupe de référence. «Les valeurs de mon groupe méritent que je puisse me battre jusqu'à la mort pour elles, la vie du groupe passe avant la mienne», telle est la maxime des groupes en bonne santé, dont l'Œdipe est bien portant. Pour qu'il y ait organisation durable et efficace, il suffit d'être prêt à mourir pour ses idées.

Théorie de la Jeune-Fille

À un niveau d'analyse structural (ou «archétypal»), la fonction phallique du psychisme, c'est donc la capacité organisationnelle d'unifier une multitude, l'anti-individualisme par excellence. À l'opposé, désorganiser est synonyme d'individualiser, dépolitiser, faire perdre le sens du collectif, rompre la solidarité et la cohésion, pousser à «jouer perso». Manager négativement pour désorganiser un groupe ennemi suppose par conséquent de le faire entrer dans un processus que Lacan appelle «pas-tout phallique». Il s'agit d'un processus critique où l'autorité transcendante assurant la cohésion du groupe sera contestée au nom de l'oppression qu'elle fait peser sur les droits des individus à jouir individuellement. Or il se trouve que cette exigence de jouissance individuelle et cette contestation de l'autorité du Père sont les comportements typiques suggérés et requis par le marché et la consommation.

Pour le collectif Tiqqun (ancêtre du Comité invisible), la figure de la bimbo, la jeune fille sexy et désirable, est la nouvelle figure d'autorité du capitalisme, incarnation par excellence de cette dépolitisation consumériste. Figure de l'individu désorganisé, du pur individu, pourrait-on dire, la Jeune-Fille est l'entropie personnifiée, l'image même de la pulsion de mort. On serait cependant en droit de se demander pourquoi l'humain dépolitisé se trouve ici qualifié de « jeune » et de « fille » ? N'y a-t-il pas un racisme antijeunes et une misogynie à l'origine de cela ? Tiqqun répond à ces critiques en replaçant les choses à un niveau d'analyse archétypal et symbolique : « Entendons-nous : le concept de Jeune-Fille n'est évidemment pas un concept sexué. Le lascar de boîte de nuit ne s'y conforme pas moins que la beurette grimée en porno-star. [...] En réalité, la Jeune-Fille n'est que le citoyen modèle tel que la société marchande le redéfinit à partir de la Première Guerre mondiale, en réponse explicite à la menace révolutionnaire. [...] Ses meilleurs soutiens, la société marchande ira désormais les chercher parmi les éléments marginalisés de la société traditionnelle – femmes et jeunes d'abord, homosexuels et immigrés ensuite. [...] "Les jeunes gens et leurs mères, reconnaît Stuart Ewen, fournirent au mode de vie offert par la réclame les principes sociaux de l'éthique du consommateur." Les jeunes gens parce que l'adolescence est la "période de la vie définie par un rapport de pure consommation à la société civile". [...] Les femmes parce que c'est bien la sphère de la reproduction, sur laquelle elles régnaient encore, qu'il s'agissait alors de coloniser. La Jeunesse et la Féminité hypostasiées, abstraites et recodées en Jeunitude et Féminitude se trouveront dès lors élevées au rang d'idéaux régulateurs de l'intégration impériale-citoyenne. »[37]

---

37. TIQQUN, *Premiers matériaux pour une théorie de la Jeune-Fille*, Mille et une nuits, 2001, p. 10-12.

Dépolitiser et désorganiser sont ainsi strictement synonymes de faire entrer dans la consommation et le Spectacle. En d'autres termes, pour désorganiser un groupe, il suffit de le « jeune-filliser », c'est-à-dire de contaminer son système de valeurs par des images caricaturales de la Jeunesse et de la Féminité. Au-delà de sa fonction économique, l'univers de la publicité, où ces images sont largement diffusées, joue donc également un rôle de contrôle social incapacitant. Tout d'abord, comment procède la Féminitude ? Du point de vue structural, les femmes sont des sujets qui, par définition, ne sont pas-tout phalliques, qui jouissent certes partiellement comme les hommes, c'est-à-dire qui trouvent aussi du sens à la vie en collectivité, mais qui, pour être femmes, donc différentes des hommes, se réservent le droit d'être hors la loi, subversives, de ne pas entrer dans le jeu des contraintes sociales et donc de refuser l'organisation structurée des groupes, organisation toujours perçue comme masculine, voire phallocrate ou machiste, donc répressive et mauvaise, refus du politique qui les conduit à chercher du sens dans la sphère de l'intime, de l'érotisme et du fusionnel. Quête éternellement vouée à l'échec, le sens n'advenant que dans le social et la distinction. Julia Kristeva, psychanalyste et théoricienne du féminisme, fait ces réflexions profondes dans un ouvrage consacré aux nouvelles pathologies sociales (*borderlines*) apparues à la suite de la « révolution sexuelle » des années 1960 : « Plus radicaux, les courants féministes refusent le pouvoir existant et font du deuxième sexe une contre-société. Une société féminine se constitue, sorte d'alter ego de la société officielle, dans laquelle se réfugient les espoirs de plaisir. Contre le contrat sociosymbolique sacrificiel et frustrant : la contre-société imaginée harmonieuse, sans interdits, libre et jouissive. Dans nos sociétés modernes sans au-delà, la contre-société reste le seul refuge de la jouissance car elle est précisément une atopie, lieu soustrait à la loi, écluse de l'utopie. »[38] Les femmes conservent toujours un quant-à-soi individualiste vis-à-vis du groupe et de son organisation. Appuyer sur cette propension à la jouissance individualiste ou, en d'autres termes, persuader un groupe d'adopter des valeurs plus féminines, orientées vers l'intime et la sexualité, permet de dépolitiser un groupe et de rendre son organisation impossible, donc de faire disparaître ses idées à plus ou moins long terme, ainsi que sa dangerosité éventuelle. La police politique vient ainsi se loger dans des endroits où on ne l'attendrait pas, notamment dans la presse féminine de tous âges.

Ensuite, comment désorganiser par la Jeunitude ? Le culte de la jeunesse nous met sur la pente de l'infantilisation et d'une régression précedipienne vers les processus primaires du psychisme, c'est-à-dire les processus à court terme, immatures et marqués par l'émotionnel, l'irrationnel et la « pensée magique », sur lesquels s'appuient *tittytainment* et *storytelling*. Plus largement, pour désorganiser et dépolitiser un groupe et le rendre inoffensif, il suffit d'attaquer son Œdipe. Le complexe d'Œdipe est le moment où s'intériorise la structure mentale primordiale au fondement de toute vie humaine socialisée et organisée : c'est le moment où advient la capacité mentale de se représenter un organigramme, un système articulé de places différenciées. En un mot, l'aptitude à la dialectique et à la politique. Le proto-organigramme, qui sert de matrice à tous les autres, est le système psychoculturel de distinction ET d'articulation coopérative entre les places des hommes et des femmes, et d'autre part des parents et des enfants (par extension, des jeunes et des vieux). Attaquer l'Œdipe d'un groupe, attaquer son système de distinctions primordiales entre genres (hommes/femmes) et entre générations (parents/enfants), c'est attaquer toute sa faculté à se constituer un

---

38. KRISTEVA (Julia), *Les nouvelles maladies de l'âme*, Fayard, 1993, p. 319.

Gouverner par le chaos

organigramme, donc le faire basculer dans l'impotence organisationnelle et le réduire à des individus juxtaposés, incapables de communiquer et de coopérer. Faire la promotion de l'indistinction des rôles et de l'échange des places, comme le recommandent la théorie du genre et des identités fluides, autrement dit faire passer le désir personnel avant le respect de l'organigramme du groupe, tout ceci facilite l'expression de l'individualisme pas-tout phallique et relève donc de stratégies de désorganisation. Sur le plan comportemental concret, cela se traduit par une culture du spontané, de l'impulsif, du viscéral, du versatile et de la recherche de résultats immédiats, induisant une incapacité à la concentration, à la planification et à l'élaboration de stratégies sur le long terme.

La Jeune-Fille, soit l'hystérie au pouvoir, culmine aujourd'hui dans le LGBT et la figure du transsexuel et de la *drag queen*, «nouvelle» nouvelle figure autoritaire du libéralisme libertaire déchaîné et tout-puissant. Après des décennies de management négatif, le pas-tout phallique et l'individualisme désœdipianisé sont en passe de devenir dominants dans les classes populaires (petite bourgeoisie, classes moyennes, prolétariat), où ils provoquent déjà toutes ces tendances sociétales pathologiques de dévaluation de la virilité, de survalorisation de la féminité, d'enfant-roi hyperactif et de mépris pour les anciens, induisant pour finir une impuissance organisationnelle totale. Les couches sociales supérieures au plan économique subissent ces virus mentaux de plein fouet également, mais l'argent est un puissant facteur de lien social (intergenre et intergénérationnel), qui leur permet de conserver encore une relative cohérence. Il reste qu'au-delà de la belle apparence, leur fond est tout aussi délabré. Et c'est ainsi que toutes les classes sociales des pays développés peuvent entonner à l'unisson la maxime de la Jeune-Fille individualiste et du citoyen modèle des groupes dépolitisés :

«Aucune cause ne mérite que je me batte jusqu'à la mort pour elle, ma vie personnelle passe avant celle du groupe. »

Biopouvoir

Notre tour d'horizon des multiples visages du contrôle social scientifique contemporain serait incomplet sans un point sur la notion foucaldienne de biopouvoir. En effet, il nous semble qu'au-delà du pouvoir sur les esprits, c'est bien un contrôle direct de la vie, au sens strictement biologique du terme, qui est recherché par l'ingénierie sociale, dont l'éthos s'affirme comme l'incapacité à vivre et laisser vivre sans intervenir sur le cours naturel des choses. Cet interventionnisme, qui peut aller jusqu'au piratage, exprime, certes, une tendance spontanée de l'esprit humain au «voyeurisme épistémologique» et à la curiosité de comprendre tout ce qui nous échappe encore, mais traduit également un projet politique, celui porté par le mondialisme, et dont les conséquences pour la vie, au sens biologique du terme, seront pires que les totalitarismes des siècles passés tous réunis. L'ingénierie sociale mondialiste se place, en effet, sous le signe du *Great Reset,* mais aussi du *Gestell*, concept travaillé par Heidegger, qualifiant l'essence de ce qui fait la civilisation technologique et qu'Alain Finkielkraut, à l'occasion d'un débat avec Peter Sloterdijk, Peter Weibel et Michel Houellebecq, tente de définir ainsi : «On a eu beaucoup de mal à le traduire en français. On le traduit par "arraisonnement", "sommation", "mise à disposition". C'est tout simplement le fait de la possibilité de tout faire de tout. La possibilité de faire entrer la réalité dans une combinatoire sans fin. Il me semble que c'est vraiment de cela qu'il s'agit à un moment, précisément, où cette possibilité ne concerne plus seulement la matière inanimée, mais encore la matière vivante. C'est la tendance la plus profonde de la modernité. »[39]

Cette mise à disposition de tout pour tout signifie aussi plasticité, flexibilité, possibilité de réécriture complète du donné naturel, et ainsi contrôle total sur ce donné naturel, minéral, végétal ou animal, environnemental ou subjectif. Baudrillard, quant à lui, parlait de « crime parfait » pour évoquer ce quadrillage technologique intégral du réel, ce maillage exterminateur consistant à ne pas laisser le moindre atome intouché, et substituant au monde vécu sa version retravaillée, retouchée, lissée, remplacée, bref, son simulacre. Le *Gestell*, ou la rationalisation scientifique du vivant, autrement dit l'encadrement technologique complet du vivant et sa chosification, est l'idée directrice de la Grande Réinitialisation transhumaniste. Dès lors que le vivant peut être intégralement quantifié, numérisé, explicité, réifié, il peut devenir objet d'une gestion sérielle, production industrielle intrinsèquement docile au pouvoir, car programmable et conditionnable dès l'origine. L'ingénierie sociale culmine ainsi dans le génie génétique (le piratage de l'ADN), l'eugénisme, le clonage, les chimères, ces croisements hybrides de matériel génétique humain et animal que les nouvelles lois de bioéthique veulent banaliser, le transfert de la vie dans le cyberespace (renommé « métavers ») et ultimement le remplacement légal des humains par les machines en accordant aux robots des droits et une personnalité juridique d'êtres sensibles, de sorte à effacer la différence entre vivant et non-vivant dans la loi (voir les travaux d'Anthony Bem et Alain Bensoussan, avocats au barreau de Paris). Toutes ces recherches trouvent leurs

---

39. « La nouvelle conception de l'homme. La construction de l'être humain », débat organisé le 3 mai 2000 par le Zentrum für Kunst und Medientechnologie (ZKM) et le Centre culturel français de Karlsruhe, in *Le Philosophoire* n°23, automne 2004 : http://www.cairn.info/revue-le-philosophoire-2004-2-page-32.htm

meilleurs soutiens chez les promoteurs du transhumanisme (Timothy Leary, Ray Kurzweil, Laurent Alexandre, Yuval Harari, etc.), idéologie issue de la contre-culture et du *New Age*, deux courants eux-mêmes nés du contrôle social moderne comme le montre Lutz Dammbeck dans son documentaire *Das Netz* (« La Toile »), consacré à l'histoire de la cybernétique. La transformation de l'espèce humaine est prise en charge au plus haut niveau de l'État dans certains pays. Le 12 septembre 2022, Joe Biden, président des USA, signait un décret exécutif sur l'innovation en matière de biotechnologie et de biofabrication pour une « bioéconomie américaine durable, sûre et sécurisée », dont nous proposons ci-dessous trois extraits traduits : « La politique de mon administration est de coordonner une approche pangouvernementale pour faire progresser la biotechno-logie et la biofabrication vers des solutions innovantes en matière de santé, de changement climatique, d'énergie, de sécurité alimentaire, d'agriculture, de résilience de la chaîne d'approvisionnement et de sécurité nationale et économique. [...] Pour que la biotechnologie et la bioproduction nous aident à atteindre nos objectifs sociétaux, les États-Unis doivent investir dans des capacités scientifiques fondamentales. Nous devons développer des technologies et des techniques de génie génétique afin de pouvoir écrire des circuits pour les cellules et programmer de manière prévisible la biologie de la même manière que nous écrivons des logiciels et programmons des ordinateurs; libérer la puissance des données biologiques, notamment grâce à des outils informatiques et à l'intelligence artificielle; et faire progresser la science de la production à grande échelle tout en réduisant les obstacles à la commercialisation afin que les technologies et les produits innovants puissent atteindre les marchés plus rapidement. [...] L'expression "domaines clés de la Recherche & Développement" comprend la R&D fondamentale des biotechnologies émergentes, y compris l'ingénierie biologique ; l'ingénierie prédictive des systèmes biologiques complexes, y compris la conception, la construction, l'essai et la modélisation de cellules vivantes entières, de composants cellulaires ou de systèmes cellulaires ; la recherche multidisciplinaire quantitative et théorique pour maximiser la convergence avec d'autres technologies habilitantes ; et la science de la réglementation, y compris l'élaboration de nouvelles informations, de nouveaux critères, d'outils, de modèles et d'approches pour éclairer et faciliter la prise de décisions réglementaires. Ces priorités en matière de R&D devraient être associées à des avancées dans les domaines de la modélisation prédictive, de l'analyse des données, de l'intelligence artificielle, de la bio-informatique, des systèmes de calcul à haute performance et autres systèmes informatiques avancés, de la métrologie et des normes fondées sur les données, ainsi que d'autres technologies habilitantes non liées aux sciences de la vie. »[40]

Les USA sont le principal moteur du biopouvoir, car ce pays veut rester à la tête de la compétition internationale. L'avènement du transhumanisme n'est pas le résultat d'un complot, mais de rapports de forces technoscientifiques, c'est-à-dire d'interactions décentralisées et concurrentielles. Pour ce qui concerne l'espèce humaine, le développement technique des outils et des prothèses que l'on appelle les armes permet d'augmenter les capacités naturelles du corps humain pour l'emporter dans les rapports de force. Tout le monde est donc soumis à la technoscience, qui surdétermine la politique et la géopolitique, c'est-à-dire les

40. "Executive Order on Advancing Biotechnology and Biomanufacturing Innovation for a Sustainable, Safe, and Secure American Bioeconomy", *White House*, 12 septembre 2022 : https://www.whitehouse.gov/briefing-room/presidential-actions/2022/09/12/executive-order-on-advancing-biotechnology-and-biomanufacturing-innovation-for-a-sustainable-safe-and-secure-american-bioeconomy/

rapports de force au niveau mondial. Par exemple, si la Russie ou la Chine sont en mesure d'assurer leur souveraineté politique et géopolitique face à l'OTAN, c'est parce qu'elles ont les armes qui le permettent, c'est-à-dire qu'elles ont le développement technoscientifique qui le permet. C'est la Recherche & Développement sur les armes – la course aux armements – qui écrit l'Histoire, selon les mécanismes concurrentiels et conflictuels de la théorie des jeux. Le but pour chaque acteur de la situation est d'éviter le « décrochage capacitaire » dans le vocabulaire militaire, c'est-à-dire d'être dépassé techniquement par l'ennemi, donc envahi et conquis par lui un jour ou l'autre. En 2023, on ne lutte pas contre l'OTAN avec des arcs et des flèches. Pour lutter à armes égales, il faut lutter à technologie égale, donc à risque technologique égal, y compris dans le champ anthropologique. Le complexe militaro-industriel de la Russie ou de la Chine est donc contraint de jouer à fond le jeu du développement technoscientifique, avec ses retombées civiles et ses dérives transhumanistes, qui peuvent en retour représenter une menace pour la souveraineté politique et géopolitique de la Russie et de la Chine. Par exemple, du point de vue de la guerre économique, renoncer à sa propre monnaie numérique, c'est se soumettre à la monnaie numérique des autres. Le développement concurrentiel des monnaies numériques est donc une fatalité et risque d'entraîner la disparition des monnaies matérielles, donc de la vie privée. L'augmentation du corps humain par la technique peut représenter aussi une diminution. Selon Bernard Stiegler, le risque de se perdre dans le dosage du *pharmakon* technoscientifique est l'abîme prométhéen qui concerne spécifiquement l'espèce humaine. Nous en sommes tous là. Autrement dit – et Baudelaire ne nous démentirait pas – tout le monde, toi aussi, « hypocrite lecteur, mon semblable, mon frère », est compromis à des degrés divers dans le *Great Reset*, puisque nous sommes tous bénéficiaires de la technoscience et que nous en faisons tous un usage intensif. Et les seuls Homo sapiens qui n'en sont pas complices sont rassemblés dans quelques tribus d'Amazonie sans aucune souveraineté sur leur destin, et dont le devenir est entièrement soumis au bon vouloir de gens infiniment plus puissants qu'eux. Lesquels ne vivent pas au fond des bois, mais s'agglomèrent dans des métropoles tentaculaires, en voie de devenir des *smart cities*, ces villes dites intelligentes, entièrement automatisées et qui n'auront plus besoin d'humains pour fonctionner. Le remplacement des caissières de supermarchés par des guichets automatiques, appuyé sur le concept marketing d'autoproduction dirigée, est le prélude du Grand Remplacement de l'humain par le robot.

Faire avec la technoscience, c'est donc prendre le risque de disparaître, mais faire sans la technoscience, c'est disparaître à coup sûr. Afin de ne pas tomber dans une technophobie stérile, sans tomber dans une technophilie autodestructrice, affirmons la nécessité absolue de lancer une réflexion internationale sur l'articulation du vivant et de la technique, dans le sillage des notions d'archéofuturisme, ou d'archéomodernisme, proposées par Guillaume Faye et Alexandre Douguine. Telle qu'elle subsiste à l'état naturel, la vie pose problème au pouvoir, car il y a toujours en elle quelque chose qui échappe au contrôle. La nature, c'est la prolifération. La nature est gratuite et décentralisée. À l'opposé, le capitalisme est payant et centralisé. Le capitalisme n'est cependant qu'une partie d'un tout, l'opposition paradigmatique entre la droite et la gauche en politique devenant obsolète quand on comprend que le pouvoir applique comme méthode l'ingénierie sociale et la cybernétique, soit la chosification du vivant. Le processus historique de transformation des sujets en objets obéit à un déterminisme anthropologique et supra-politique. La Grande Réinitialisation, le biopouvoir, le transhumanisme et le *Gestell* visent tous la réécriture intégrale du réel pour en fournir une version mieux contrôlée, idéalisée, perfectionnée, et sont donc non seulement l'horizon de pratiquement tous les pouvoirs politiques depuis l'avènement des sociétés de masse (Mésopotamie, Égypte pharaonique), mais également le fil conducteur de tous les grands utopistes, qui se sont toujours mis spontanément au service du Prince. De Platon aux transhumanistes, en passant par Norbert Wiener, ils ont tous cherché à réduire l'existence à un gigantesque *SimCity*, un vaste processus automatisé, univoque, d'où la contradiction et l'incertitude ont été évacuées. Évidemment, ça ne marche jamais, pour une raison toute simple : nous sommes « encore » en vie.

En effet, ce qui fait obstacle au contrôle intégral et à la réduction totale de l'incertitude, c'est la frontière entre un intérieur et un extérieur. Chez les êtres vivants, la peau, l'épiderme est cette première frontière. L'existence d'une frontière épidermique assurant l'interface entre une intériorité et une extériorité est très exactement ce qui constitue la spécificité irréductible de tous les êtres vivants sans exception et ce qui les distingue du non-vivant. Il y a vie au sens biologique à partir du moment où il y a épiderme, c'est-à-dire perception d'une distinction entre une intériorité – l'intégrité de la créature –, et une extériorité – l'environnement. Cette intégrité de l'être biologique rend difficile de la contrôler intégralement, ou alors avec des séquelles pathologiques et donc une destruction du système à terme. C'est d'ailleurs sur cette base que l'on peut distinguer le non-vivant du vivant : les systèmes non vivants dysfonctionnent quand ils ne sont pas totalement sous contrôle ; à l'inverse, les systèmes vivants dysfonctionnent quand ils sont totalement sous contrôle. C'est ce dysfonctionnement généralisé aboutissant à un effondrement des sociétés humaines dans l'idiocratie qui attend la post-humanité issue des laboratoires. La question générale que se pose le biopouvoir, identifié au pouvoir politique contemporain, est la suivante : qu'allons-nous faire de la biomasse ? Qu'allons-nous faire du vivant ? Tout être vivant doté d'un instinct de conservation et d'une volonté de puissance se pose nécessairement cette question, mais le biopouvoir contemporain espère lui apporter une solution finale. Dans ses diverses interventions, Yuval Harari annonce la fin de la sélection naturelle et son remplacement par une sélection purement culturelle réalisée par la science. Soit la fin d'un processus décentralisé et inconscient d'émergence du vivant par adaptation à son environnement, et son remplacement par un processus maîtrisé d'invention de nouvelles formes de vie selon une planification consciente (*intelligent design*). Harari annonce ainsi sans même s'en rendre compte la fin de ce qui marche et son remplacement par ce qui ne marche pas, ou seulement avec des béquilles. La sélection naturelle est le mécanisme par lequel le vivant s'adapte à l'environnement tel qu'il est, ou disparaît. Son processus est par essence payant dans son effort, il ne peut tolérer que ce qui marche. Ce qui ne marche pas disparaît, ou reste marginal, minoritaire. À l'opposé, le projet culturel, toujours un projet conscient, a toujours aussi une dimension d'insurrection prométhéenne contre l'environnement tel qu'il est. Le projet culturel est un forçage du réel, il veut plier l'environnement à sa volonté, il veut plier le territoire à la carte. Une forme de vie créée scientifiquement n'apparaîtrait pas sur Terre selon les mêmes modalités que les autres êtres vivants, par adaptation instinctive, mais par imitation consciente, biomimétisme, telle une copie qui viendrait concurrencer l'original sur son terrain. L'ingénierie génétique fait apparaître des Golems et des monstres de Frankenstein, des êtres artificiels conçus consciemment, donc condamnés à imiter la vie, mais en moins bien, en moins adapté. La dialectique prométhéenne entre la nature et la culture s'achève-ra-t-elle par une victoire à la Pyrrhus de la culture? Le remplace-ment de la nature par la culture serait en fait un remplacement du vivant par des artefacts parodiques, ouvrant la voie à l'avènement du pseudo-vivant. Expliquons.

Plus on monte dans l'évolution, et plus l'intériorité du vivant est forte, jusqu'à aboutir à la possibilité de faire de vraies cachotteries à l'égard de l'extérieur. C'est ce que l'on appelle l'intimité mentale, psychologique, etc., et qui permet d'aller jusqu'au mensonge. Cette possibilité propre au vivant de cacher des choses au regard extérieur est insupportable pour le pouvoir, qui y voit une forme de résistance à son exercice inquisiteur. Cette impossibilité du contrôle total vient de ce que personne n'a un droit de regard total sur la créature, personne n'est en capacité d'avoir un accès intégral à l'intériorité, d'où cette relative imprévisibilité du biologique, dont la traçabilité n'est jamais garantie. L'abolition du biologique, c'est-à-dire du principe même de toute frontière et limite, ou du moins l'encadre-ment complet du biologique par le numérique, devrait permettre l'abolition de cette incertitude, l'accès intégral à l'intériorité, donc la transgression complète de l'intégrité de la créature, la possibilité d'en finir avec toute forme de cachotterie et ainsi le contrôle total de toute forme de vie consciente. Internet est une source extraor-dinaire d'informations, mais c'est aussi un espace de transparence totale. Des créatures «internetiennes» seraient à son image. À vrai dire, une conscience numérique ne serait qu'une forme simulée de vie puisqu'elle serait dépourvue d'épiderme, ou alors un épiderme simulé, donc faux. En effet, le programmateur possède un droit de regard total sur son programme, il peut le rectifier comme il veut et réduire totalement l'incertitude de son fonctionnement. Le programmateur est en position « divine ». Il ne peut donc pas y avoir de vie numérique puisque le minimum requis, l'incertitude réelle liée à l'épiderme réel, n'est pas présent. Par définition, l'incertitude véritable n'est ni modélisable ni programmable. En revanche, il peut y avoir extermination du biologique au bénéfice d'une forme de « vie simulée » dans le numérique. Réalisation du « crime parfait », l'extermination de l'incertitude liée au vrai réel – ici, la matière vivante – au bénéfice d'une simulation du réel parfaitement traçable et contrôlée.

Le versement de nos vies dans la Matrice virtuelle et l'accès du Pouvoir à l'intimité psychologique des citoyens avancent néanmoins à grands pas, notamment grâce aux logiciels toujours plus précis d'analyse des réactions émotionnelles élaborés en intelligence artificielle. Nous sommes déjà partiellement téléchargés dans le cyberespace et le métavers, compte tenu du temps que nous passons sur Internet et de la dépendance croissante dans laquelle nous sommes à son égard. Cette tendance est évidemment confortée par le pouvoir, comme on peut s'en rendre compte en parcourant les recommandations du lobby du numérique. Dès 2004, le Groupement des industries de l'interconnexion des composants et des sous-ensembles électroniques (GIXEL) – dont Pierre Gattaz fut président avant d'être celui du MEDEF – faisait les recommandations suivantes dans son petit Livre bleu : « Le passage de l'identité physique à l'identité numérique s'impose de plus en plus dans tous les milieux à cause du développement des TIC et en particulier de l'Internet. [...] Acceptation par la population : La sécurité est très souvent vécue dans nos sociétés démocratiques comme une atteinte aux libertés individuelles. Il faut donc faire accepter par la population les technologies utilisées et parmi celles-ci la biométrie, la vidéosurveillance et les contrôles. Plusieurs méthodes devront être développées par les pouvoirs publics et les industriels pour faire accepter la biométrie. Elles devront être accompagnées d'un effort de convivialité par une reconnaissance de la personne et par l'apport de fonctionnalités attrayantes : – Éducation dès l'école maternelle, les enfants utilisent cette technologie pour rentrer dans l'école, en sortir, déjeuner à la cantine, et les parents ou leurs représentants s'identifieront pour aller chercher les enfants. – Introduction dans des biens de consommation, de confort ou des jeux : téléphone portable, ordinateur, voiture, domotique, jeux vidéo. – Développer les services "cardless" à la banque, au supermarché, dans les transports, pour l'accès Internet... La même approche ne peut pas être prise pour faire accepter les technologies de surveillance et de contrôle, il faudra probablement recourir à la persuasion et à la réglementation en démontrant l'apport de ces technologies à la sérénité des populations et en minimisant la gêne [*sic*] occasionnée. Là encore, l'électronique et l'informatique peuvent contribuer largement à cette tâche. »[41]

Le plus grand génocide de l'Histoire, celui de la biosphère tout entière, a déjà commencé. Dans *Comment les riches détruisent la planète*, Hervé Kempf nous décrit les lignes majeures de ce *Gestell* mondialiste aux niveaux écologique et politique. Sur un plan strictement géopolitique, cela consiste à jouer avec la vie de millions, voire de milliards d'êtres humains. Ce jeu géopolitique prend deux formes : la recombinaison libre des frontières, d'une part, le contrôle démographique, d'autre part. Nous l'avons vu, l'abolition des frontières, c'est le règne de la mort, tant au plan biologique que psychique. Il n'y a de vie psychique, c'est-à-dire de production de sens, que dans l'incertitude et l'affrontement à un quelque chose qui résiste, à un réel

---

41. GIXEL, *Livre bleu. Grands programmes structurants. Propositions des industries électroniques et numériques*, 2004, p. 5 et 35 : http://www.gfie.fr/fr/images_db/ Livre%20bleu.pdf

quelconque, une frontière, une limite. Si les frontières ne résistent plus, ce sont les principes mêmes d'identité, de distinction et d'élaboration sémantique qui vacillent, signant à terme l'effondrement du système sur lui-même, ou alors sa survie dans un espace liminaire qui est celui du «zombie», à mi-chemin entre la vie et la mort. Le *Gestell* géopolitique, la recomposition volontariste des frontières, comme en Europe avec la création d'eurorégions qui n'obéissent qu'à des logiques commerciales, relève dès lors d'une sorte de mystique hallucinée du métissage généralisé, telle que celle défendue en son temps par Richard de Coudenhove-Kalergi (1894-1972), l'un des pères fondateurs de l'Union européenne, expression de ce processus général de dés-œdipianisation dont le fantasme directeur semble être la création d'une forme de vie totalement plastique et flexible, en un mot l'esclave idéal, dont l'identité n'a plus d'attaches, plus d'origines, et peut donc être réécrite à volonté.

Seul un contrôle démographique drastique permettra d'élaborer cette humanité future zombifiée. Dans la continuité des théories d'un Thomas Malthus (1766-1834), divers programmes de réduction démographique ont vu le jour et ont été appliqués avec plus ou moins de succès dans divers pays ces deux derniers siècles. En 2010, *Le Monde* évoquait les cogitations eugénistes et antinatalistes menées à l'ONU pour diminuer la population sous des prétextes écologistes et ajoutait : «Quasiment au même moment, un rapport, élaboré par la London School of Economics (LSE) à la demande de l'Optimum Population Trust (OPT) – une ONG britannique militant pour réduire la population mondiale – estimait que le moyen le moins coûteux de résoudre le problème du réchauffement planétaire serait de réduire la population mondiale de 500 millions d'individus d'ici 2050. Or comme la majorité des projections prévoient que la population totale devrait s'élever à plus de 9 milliards d'ici là, la proposition de réduire la population mondiale à seulement 6 milliards implique l'élimination de 3 milliards de personnes... »[42]

Tous les moyens sont bons pour parvenir à la dépopulation, que ce soit en empêchant les naissances ou, quand les êtres sont nés, par le meurtre de masse prémédité. Le rôle des diverses instances supranationales, ONG ou autres réside avant tout dans la planification de crises, de guerres, d'épidémies et de famines, notamment au moyen du Codex Alimentarius. D'un point de vue général, le biopouvoir consiste à gouverner par l'entretien d'une menace sur la survie physique des populations, menace qui n'a pas absolument besoin d'être réelle pour être efficace. Le rapport d'Iron Mountain, publié dans les années soixante sous la direction de l'économiste John Galbraith et intitulé *La Paix indésirable? Rapport sur l'utilité des guerres*, est à ce sujet parfaitement clair : «L'existence d'une menace extérieure à laquelle il est ajouté foi est, par conséquent, essentielle à la cohésion sociale aussi bien qu'à l'acceptation d'une autorité politique. La menace doit être vraisemblable, son ampleur doit être en rapport avec la complexité de la société menacée, et elle doit apparaître, pour le moins, comme pesant sur la société tout entière. »[43] Définir un ennemi, geste fondateur de la politique selon Carl Schmitt. Mais qui a dit que l'ennemi devait être réel ?

---

42. «Faut-il réduire la population mondiale pour sauver la planète?», *Le Monde*, 18 janvier 2010 : https://www.lemonde.fr/planete/article/2010/01/18/faut-il-reduire-la-population-mondiale-pour-sauver-la-planete_5976998_3244.html
43. GALBRAITH (John), *La Paix indésirable ? Rapport sur l'utilité des guerres*, Calmann-Lévy, 1968, p. 113.

Conclusion provisoire
Comment faire échouer l'utopie du *Great Reset* ?

Après avoir résumé son passé, demandons-nous quel est l'avenir de l'ingénierie sociale. C'est le Grand récit pour faire passer la Grande Réinitialisation, c'est-à-dire l'imposition d'une dictature transhumaniste mettant fin à l'espèce humaine, mais conservant les apparences du débat démocratique et de la diversité des opinions. Pour y parvenir dans une société de communication et de transparence, le pouvoir ne peut plus se contenter de mentir de manière éhontée, il doit apprendre à «tromper sans mentir». La propagande est renommée «relations publiques» ou «influence» et devient de la propagande grise, mélange de vrai et de faux pour mieux faire passer le faux. L'autoritarisme et la dissimulation totale étant malaisés à maintenir sur le long terme, le pouvoir applique, par exemple, la méthode des *Nudges*, la progression par étapes et par petites touches incitatives et non contraignantes, et le principe du prétexte, consistant à faire passer quelque chose sous couvert d'autre chose. En l'occurrence, faire passer une dictature informatique de type «crédit social» chinois sous prétexte de soigner des gens ou de sauver la planète.

La mise en échec de ce projet totalitaire dépend de la capacité à répondre à des questions pratiques. En temps de guerre, les questions les plus importantes sont méthodologiques. L'art militaire est un art d'exécution, avec ses deux aspects stratégiques et tactiques, le

117

long terme et le court terme. Les questions théoriques, idéologiques, éthiques doivent être réservées aux périodes de paix. Quand on est déjà engagé dans le conflit, tout doit être subordonné à une seule priorité : comment gagner le rapport de forces ? L'ennemi considère aujourd'hui que tous les coups sont permis. Tous les coups sont permis signifie que la ruse est permise pour camoufler que tous les coups sont permis. C'est pourquoi l'ennemi avance derrière un paravent institutionnel bureaucratique et technocratique qui lui confère une apparence de légitimité et de légalité. Dans notre monde kafkaïen, c'est là qu'est le pouvoir. Il faut donc se placer à ce niveau également et ne pas hésiter à utiliser la ruse pour soutenir le rapport de forces à armes égales dans ce champ institutionnel. Le pouvoir nous ment, il faut donc mentir au pouvoir, mais dissimuler le mensonge. Nous sommes en guerre, il faut changer de paradigme par rapport aux périodes de paix : l'objectif de la politique n'est pas de respecter des valeurs, mais de gagner un rapport de forces. Gagner coûte que coûte, car il est absurde de croire qu'on pourra respecter des valeurs si l'on est mort. Pour parodier Charles Péguy sur la morale kantienne : « La vertu a de belles mains, mais elle n'a pas de mains ».

Aucune morale, aucune éthique ne doit nous inhiber pour gagner le rapport de forces. Nous devons être par-delà le Bien et le Mal, pour reprendre la formule nietzschéenne. Comment ? Nous devons évaluer notre action à l'aune de sa valeur concrète et pratique pour supprimer l'ennemi, et c'est tout. Pour y parvenir, la définition précise de qui est l'ennemi est secondaire. Pourquoi ? Parce que l'on peut très bien avoir cerné qui est l'ennemi, ou qui sont les ennemis, car il y en a toujours plusieurs, mais se tromper sur la nature du champ de bataille. C'est d'ailleurs une stratégie de diversion de l'ennemi, de nous égarer sur un faux champ de bataille, ce qui nous conduira à tirer dans le vide, même si l'on a compris qui est l'ennemi. Par contre, si l'on définit précisément le champ de bataille, tous les coups porteront, directement ou indirectement, car l'environnement est approprié, le contexte est adéquat, le cadrage est le bon. Nous tirerons dans la bonne direction, même si nous ne voyons pas clairement qui est l'ennemi. L'ennemi utilise les institutions, la bureaucratie et la technocratie comme champ de bataille pour se camoufler, c'est donc là qu'il faut lui répondre. Et pour optimiser encore la valeur pratique de la question, on peut la reformuler ainsi : « Que puis-je faire concrètement pour faire échouer le *Great Reset* sur le champ de bataille des institutions ? » Si je surestime mes forces et que je me donne des objectifs qui sont au-delà de ce que je peux faire concrètement, je suis moi aussi dans l'utopie. On ne fait pas ce que l'on veut, on fait ce que l'on peut. À cette question, il revient à chacun de répondre en fonction de ses moyens concrets.

Le pouvoir centralisé qui tente de se mettre en place au niveau mondial ne possède aucune légitimité démocratique. L'Union européenne en est l'illustration la plus frappante. Un despotisme éclairé, authentiquement soucieux des intérêts du peuple, serait à la limite tolérable, mais nous en sommes déjà fort loin. En l'occurrence, le risque d'extinction que la Grande Réinitialisation fait peser, non seulement sur l'humanité, mais encore sur toute forme d'intelligence, est le plus grave que l'Histoire ait jamais connu. De fait, son projet est bel et bien d'achever l'Histoire. Car ce n'est pas tel ou tel groupe humain que la Réinitialisation mondialiste cherche à exterminer, mais l'espèce dans son entièreté, et encore au-delà, la simple capacité à l'articulation intelligible d'un discours signifiant. Face à cette violence inouïe, la résistance doit s'organiser. Cependant, si l'on veut qu'elle soit constructive et ne stagne pas dans des émeutes incohérentes et acéphales ou du terrorisme stérile, cette résistance doit impérativement être organisée, planifiée, calculée, stratégique, dans l'optique d'une prise de pouvoir institutionnelle, essentiellement par l'infiltration lente des structures du pouvoir. La contestation reste inoffensive aussi longtemps qu'elle reste visible, hors système ou dans la rue. Il faut lui substituer une subversion invisible, située au cœur du système et inscrite dans le long terme. L'insurrection qui vient doit être conçue, réfléchie, méthodique et rationnelle. La propédeutique à tout renversement du pouvoir illégitime a donc besoin d'une organisation de type militaire, et pas seulement militante, nourrie d'une réflexion tactique et stratégique approfondie, elle-même appuyée sur une éducation à la culture du renseignement, espionnage et contre-espionnage, ainsi que sur un profilage et une mise en fiche systématiques de ceux qui nous profilent et nous mettent en fiches. Connaître son ennemi, lui appliquer ce qu'il nous applique, rétablir l'égalité du couple « voir et être vu », en bref, pirater les pirates pour répondre à la question que se posait Juvénal : « Qui gardera les gardes ? »

Un modèle d'organisation nous a été proposé par l'Histoire : il s'agit du Conseil national de la Résistance (CNR), formé suite à l'appel lancé par un certain colonel de Gaulle en exil, et qui rassembla des femmes et des hommes de toutes origines politiques, sociales, confessionnelles, pour lutter contre l'envahisseur nazi. Aujourd'hui, l'ennemi du genre humain a changé. Il n'est plus identifiable à une zone géopolitique particulière. Il appartient à cette « classe transnationale de privilégiés » dont nous parle Jacques Attali, oligarchie économiquement dominante, qui travaille activement à l'architecture système de la mondialisation selon les modalités d'ingénierie que nous avons décrites, et dont Warren Buffett prétend qu'elle est en train de gagner la guerre contre les classes populaires. La guerre a donc bien été déclarée. En réponse, nous voulons par ce texte apporter notre pierre à un futur Deuxième Conseil national de la Résistance.

Notre manifeste, reproduit ci-après, sera l'appel des Vétérans du CNR lancé en 2004 pour commémorer le 60e anniversaire du programme du Conseil national de la Résistance, programme politique conçu par le peuple, pour le peuple et dont l'oligarchie a dit qu'il fallait le déconstruire méthodiquement. En posant cette première pierre, notre but est de fédérer dans une Union sacrée toutes les volontés de se battre contre l'ennemi commun, qui prend aujourd'hui le visage de ce Nouvel Ordre Mondial fondé sur la stratégie du choc, le chaos planifié, les crises économiques ou sanitaires programmées, la virtualisation du Sens et le brandissement d'une menace terroriste, ou sanitaire, ou climatique, au choix, pour justifier la surveillance concentrationnaire des populations.

Si ce système ne s'effondre pas de lui-même, alors il faudra l'y aider. Nous allons le faire. Nous sommes nombreux. Nous sommes des millions. Des millions de fois plus nombreux que notre ennemi. Il a peur de nous. Il tremble de terreur, car il sait que son pouvoir est fragile et ne repose que sur le bluff et le crédit que nous lui accordons. Toute sa force ne repose que sur des représentations auxquelles nous avons cru. Cessons d'y croire, cessons d'obéir et le réel apparaîtra : nous sommes plus forts que lui. Le roi est nu. En outre, son propre pouvoir le fait souffrir, car il sait bien au fond de lui qu'il repose sur le mensonge. Inconsciemment, il nous demande de le frapper pour le ramener à la raison. Ne nous privons pas. Il nous remerciera à la fin.

L'Appel des Résistants

Appel à la commémoration du 60ᵉ anniversaire du programme du Conseil national de la Résistance du 15 mars 1944.

Au moment où nous voyons remis en cause le socle des conquêtes sociales de la Libération, nous, vétérans des mouvements de Résistance et des forces combattantes de la France libre (1940-1945), appelons les jeunes générations à faire vivre et transmettre l'héritage de la Résistance et ses idéaux toujours actuels de démocratie économique, sociale et culturelle.

Soixante ans plus tard, le nazisme est vaincu, grâce au sacrifice de nos frères et sœurs de la Résistance et des nations unies contre la barbarie fasciste. Mais cette menace n'a pas totalement disparu et notre colère contre l'injustice est toujours intacte.

Nous appelons, en conscience, à célébrer l'actualité de la Résistance, non pas au profit de causes partisanes ou instrumentalisées par un quelconque enjeu de pouvoir, mais pour proposer aux générations qui nous succéderont d'accomplir trois gestes humanistes et profondément politiques au sens vrai du terme, pour que la flamme de la Résistance ne s'éteigne jamais :

Nous appelons d'abord les éducateurs, les mouvements sociaux, les collectivités publiques, les créateurs, les citoyens, les exploités, les humiliés, à célébrer ensemble l'anniversaire du programme du

Conseil national de la Résistance (CNR) adopté dans la clandestinité le 15 mars 1944 : Sécurité sociale et retraites généralisées, contrôle des «féodalités économiques», droit à la culture et à l'éducation pour tous, presse délivrée de l'argent et de la corruption, lois sociales ouvrières et agricoles, etc. Comment peut-il manquer aujourd'hui de l'argent pour maintenir et prolonger ces conquêtes sociales, alors que la production de richesses a considérablement augmenté depuis la Libération, période où l'Europe était ruinée ? Les responsables politiques, économiques, intellectuels et l'ensemble de la société ne doivent pas démissionner ni se laisser impressionner par l'actuelle dictature internationale des marchés financiers qui menace la paix et la démocratie.

Nous appelons ensuite les mouvements, partis, associations, institutions et syndicats héritiers de la Résistance à dépasser les enjeux sectoriels, et à se consacrer en priorité aux causes politiques des injustices et des conflits sociaux, et non plus seulement à leurs conséquences, à définir ensemble un nouveau «programme de Résistance» pour notre siècle, sachant que le fascisme se nourrit toujours du racisme, de l'intolérance et de la guerre, qui eux-mêmes se nourrissent des injustices sociales.

Nous appelons enfin les enfants, les jeunes, les parents, les anciens et les grands-parents, les éducateurs, les autorités publiques, à une véritable insurrection pacifique contre les moyens de communication de masse qui ne proposent comme horizon pour notre jeunesse que la consommation marchande, le mépris des plus faibles et de la culture, l'amnésie généralisée et la compétition à outrance de tous contre tous. Nous n'acceptons pas que les principaux médias soient désormais contrôlés par des intérêts privés, contrairement au programme du Conseil national de la Résistance et aux ordonnances sur la presse de 1944.

Plus que jamais, à ceux et celles qui feront le siècle qui commence, nous voulons dire avec notre affection : « Créer, c'est résister. Résister, c'est créer. »

Signataires : Lucie Aubrac, Raymond Aubrac, Henri Bartoli, Daniel Cordier, Philippe Dechartre, Georges Guingouin, Stéphane Hessel, Maurice Kriegel-Valrimont, Lise London, Georges Séguy, Germaine Tillion, Jean-Pierre Vernant, Maurice Voutey.
Dimanche 14 mars 2004

www.ingramcontent.com/pod-product-compliance
Lightning Source LLC
La Vergne TN
LVHW021610060726
842527LV00015B/3987